思想觀念的帶動者

文化現象的觀察者

本土經驗的整理者

生命故事的關懷者

Psychotherapy

探訪幽微的心靈，如同潛越曲折逶迤的河流
面對無法預期的彎道或風景，時而煙波浩渺，時而萬壑爭流
留下無數廓清、洗滌或抉擇的痕跡
只為尋獲真實自我的洞天福地

比昂論團體經驗

Experiences in Groups

and other papers

比昂（Wilfred Ruprecht Bion）——著

王振宇、呂宗樺、陳宏茂、劉佩琪、羅育騏——譯
鍾明勳、許明輝、張達人——審閱

【推薦序一】

劃時代的人物，劃時代的創見

許明輝（台灣團體關係學會籌備小組主席）

很榮幸有這個機會來替《比昂論團體經驗》寫推薦序。我最早接觸比昂的團體理論是在 2003 年，在紐約大學諮商心理學博士班唸書的時候。那時我的團體諮商教授是團體關係的專家，而團體關係理論是以比昂的團體理論為核心基礎。團體關係理論強調體驗式學習，透過 MacRae 教授的帶領，我開始參加團體關係研習會，也開始學習相關的理論。慢慢地，我從研習會的成員開始，覺得深受啟發與吸引，逐漸接受訓練，在研習會中承擔顧問的角色並從中學習。博士班畢業之後，我在曼哈頓學院諮商研究所當了六年的專任教授，我教的課程之一是團體動力課，屬於暑期的海外遊學課程。每兩年一次，我帶著一群有多元文化背景的學生到倫敦塔維史塔克診所參加團體關係研習會，並在研習會中擔任顧問，一直到 2015 年我回台灣定居才終止。從 2014 年開始，我也受美國芝加哥的團體關係研習會團隊邀請，在中國舉辦的團體關係研習會擔任顧問至今，並於 2017 年開始受同一個團隊邀請在中國培訓團體關係顧問人才。我也很榮幸在 2017 年受邀到以色列國際研習會當顧問（以色列的團體關係學會在國際上很有影響力），並在

2018 年在來自以色列及澳洲兩位資深研習會顧問的協助下，將團體關係研習會帶到台灣來。

經過 16 年來的團體關係工作及接受約相同時間的精神分析，讓我對比昂及他的團體理論有深刻的認同感。比昂的著作是出了名的難讀。原因之一是，他的理論有一部分建立在克萊恩的客體關係理論上，所以要有一些克萊恩的理論基礎才能讀懂。再者，如果沒有實際團體體驗，會很難理解他的理論。還有一部分是關於他的寫作風格，至少是這本書，他的文筆有時候很隨性，再加上句子偏長，常由好幾個子句組成，因此可能要讀好幾遍並從前後文去推敲才能理解他的意思。這對翻譯這本書來說造成很高的挑戰性。我自己也參與了本書的審閱，對這本書的譯者及其他審閱者所付出的心力感到十分敬佩。

雖然這本書所收集的文章是比昂在 1943 年到 1952 年所寫的，至今已有 70 年左右了，但是對現今的我們還是很有啟發性。對現在一個熟悉比昂團體理論的人來說，他的理論似乎沒有什麼大不了，但是從歷史的角度來看，比昂是一個劃時代的人物。他在團體動力上的創見可比擬佛洛伊德在精神分析上的創見。看這本書可以知道，比昂當初要整理出他試著描述的概念，如基本假設，是非常不容易的。除了要有過人的聰明才智，還要有對強烈情緒投射的忍受力。不像後來學習比昂理論的人，可以有前人經驗作為依循，較不至於太過混亂，或難以承受。

比昂的團體理論可以應用在任何牽涉到團體的領域，如團體治療、團體督導、組織管理、組織諮詢甚至家庭關係。對我個人的工作而言，比昂的理論除了應用在團體關係研習會外，也應用在團體治療師的督導以及組織諮詢工作上。很多亞隆（Yalom）人際取向的團體治療師因缺乏對團體潛意識的理解與掌握，而無法更有效的介入團體，引發改變。比昂的理論可以彌補這一個缺塊。而對社會上各類組織領導者而言，學習比昂的團體理論會對組織管理有相當大的助益。

最後我想給讀者關於學習比昂團體理論的一個衷心建議：比昂的理論不適合只以閱讀的方式來學習，而需要有實際團體體驗。團體關係研習會中的小團體及大團體，因為是無結構團體且有顧問的回饋，是可以用來體會比昂理論的一個重要管道。

【推薦序二】

團體治療經典著作

陳俊鶯（中華團體心理治療學會理事長）

《比昂論團體經驗》一書，由中華團體心理治療學會張達人及鍾明勳兩位常務理事及精神科醫師，帶領一群熱愛團體心理治療的年輕精神醫療團隊專業成員進行翻譯，並彙整相關文獻的重要論述及實務經驗，的確充份的發揮了本會宗旨「促進團體心理治療之工作實務及研究發展」的精神及作為。他們兩位除了在專職專業工作中表現得可圈可點，更長期在心理治療領域擔任督導及團體治療帶領人，引領年輕一輩投入此專業，孜孜不倦，努力不懈。本書為兩位所推崇之團體治療經典著作，其累積作者比昂（W. R. Bion）多年研發之精髓，值得一探其詳。

團體治療可有兩種含意：其一是聚集一群人共同進行特定的療程；其二是一個團體透過有計劃的努力達成互助活動，本書作者比昂所論之團體經驗，顯然屬於後者。他在一間軍方精神科醫院訓練部門擔任負責人，發現在這三、四百人的單位中，約談部屬進行治療不易，並注意到問題出在紀律。為了處理紀律問題，他開始啟動團體經驗，而精神官能症才是問題的核心。為此安排了團體集會，而達成與現實接觸的能力，以及如何有效率地管理自己的工作及與他人的關係。從團體集會的 here & now 到訓練部門內部的 there & then，也就是從訓練部門的情形投射到團體的紀律，到精神官能症表徵與內在，再回到訓練部門的工作表現及紀律，因此惟有這一連串經驗的領悟，方能解決原來部門的核心困擾。

本書緒論另一作者里克曼（John Rickman）的團體治療是在軍醫院的小型病房進行，強調個別面談與團體討論間的角色轉換，將團體福祉放在優先挑戰過程的重點。而每位成員原來的不同軍階層級，進入團體經驗場域時這層級的轉折又是另一重點，團體的進行，最終目標乃是為良好團體精神的建立。

猶記自己在住院醫師時代參加職場的訓練團體（Training Group），的確對於帶領團體的能力體認及成長裨益良多。本書中所提之職場中的紀律問題，透過精神官能症的團體治療，得以解決。的確近年來台灣政府勞政部門也重視職場員工的支持協助（EAP, Employee Assistance Program），以俾職場的壓力適應，因而提升生產力及效力。深信本書翻譯後，更能貼近投入此專業工作中的人員，不論於臨床工作或社區職場服務的需求，均得以為重要參考書籍。本學會近十年以來也推出團體心理治療師認證制度，因此規劃並建立了治療師必需完成之訓練課程，其中理論及實作部分，未來亦可將本書納為教材，以呼應時代變遷之需求。最後當然鄭重地推薦所有心理衛生專業夥伴們一起來細細研讀本書。

【導讀】

歷久彌新的經典

張達人（天主教仁慈醫院院長）

前言

本書是比昂於 70 年前，將陸續發表於各期刊有關團體動力的論述文章匯集而成。雖已是 70 年前的論文，但至今仍被許多發表的團體治療或組織動力的相關文章繼續引用不歇，由此可見其在此界的專業性或學術性的長久歷史定位。

目前國內談到團體治療參考書，大家馬上聯想到歐文・亞隆的著作，因亞隆在文哲學上的深厚造詣，使其文章讀來易感動人心，覺得很親近，再加上他的立論基本上不複雜且又不論及潛意識的幻想，讓人不會有隱晦艱澀感，因此會覺實務上容易上手。但若想深入探索團體內的底層動力，則潛意識的覺察或幻想投射的深層意義描述，則又非比昂這本書所能比擬。另一個兩人相當不同之處，則為比昂看團體是從團體整體（group as a whole）進行分析，而亞隆是從人際互動（interpersonal interaction）切入，這差別是相當有意義的。總之，若論及學習深層團體動力的蹲馬步功夫，則本書絕對是相當重要的教科書，縱使反覆讀來仍歷久彌新。

團體基本假設

本書的內容主要來自於比昂親身帶領團體的經驗，從中將所學習與領悟的心得所撰寫成的。他認為一群人（無論大小團體）聚集在一起，為了自己或團體能持續存在或生存（survival），會令團體產生成員間相處的動力。在團體初期時，團體成員為了基本的安全需求（basic safety need）或自戀式需求（narcissistic need）之獲取，會引發內心多疑不安的焦慮（paranoid anxiety），不知如何適當表達自己，或自己呈現的形象能否被他人認可。因此如何解除這焦慮，首先寄託於團體帶領者或領導者（Leader）的保護，但領導者通常僅一至二人，卻有團體的許多人要依賴（dependence）他來獲取保護得以安全生存。若領導者靜默不表態或被認為施予得不一，則成員將產生爭戰（fight），以奪取領導者更多的關注，而不滿未予足夠之依賴者，則會在團體中心不在焉或逃避退縮（flight）。

當團體有兩位以上成員對領導者所給予的關注或照顧失望，久而久之他們就會幻想毀滅掉此刻領導者，而另期待或產生另位新領導者（原文含有性的隱喻，在此「產生」的原文是「reproduction」〔生育〕）。這些有上述相同幻想的成員，無意間會形成次團體或所謂配對（pairing），對抗領導者或其他成員！

上文所提到的爭戰、逃避或配對這些團體內的成員行為表現，初期都是因對領導者所給予的依賴，覺得欠滿足而衍生的，且這些現象的形成不僅是行為表面上的描述，更重要是它們的產生是來自於潛意識的，也就是成員意識上尚未明顯覺察到。但過了團體初期，對領導者的依賴可能會轉向其他承繼領導地位（leadership）的他人、次團體或團體整體（group-as-a-whole）。因此比昂將依賴、戰或逃、配對等三個現象稱為團體早期尚未發展成熟時的基本假設（Basic Assumptions），這時的團體其亦稱為基本假設團體（Basic Assumptions group，簡稱 BA group）。

相對於基本假設團體（或稱 BA 團體），工作團體（Working group）是在團體中後期才發展成的。它與 BA 團體最大不同在於，此時團體內的依賴、戰或逃、配對等三個基本假設現象較少或已不明顯了。這 BA 團體的三個現象都是因成員間或對領導者甚至對團體整體，相互發生投射認同防衛而產生。這投射認同均來自潛意識的幻想，它衍生於成員過去人際經驗所內化於心智的內在客體。當團體發展度過了 BA 團體階段進入工作團體，也就是此時團體內的幻想式投射認同較少了，團體內的現（真）實感較好了。所謂工作團體的「工作」，顧名思義就是團體可以發揮功能。是什麼樣的功能呢？若針對治療性團體而言，也就是可以回頭去檢視，在 BA 團體階段的三個基本假設現象，深層的潛意識幻想性的投射認同為何？進而認清其內在的客體，及對自我更深的領悟！若對機構的組織動力而言，則是團體不再因人為因素產生的三個基本假設，耗損了機構的生產力，反而全體員工能就事論事專心執行分配的任務，如此大大的提高了組織的產能。

若從克萊恩（Klein）的立論分析，BA 團體是指團體處在偏執 - 類分裂心理位置（paranoid-schizoid position），而工作團體則是處在憂鬱心理位置（depressive position）。若從 BA 團體要進入工作團體，則團體成員必須面對激烈爭執的三個現象，唯有漸漸放下自戀式需求，不再執著自以為是，並願意試著去接受別人與自己的相異，團體承受衝突的強度才會上升。當然當成員放下執著的堅持，會有強烈的失落無奈感，但為了團體及個人免於繼續生命能量無謂的耗損，及團體能夠不會瓦解，似乎大家不得不有某種妥協，再加上帶領者有足夠的支撐（holding）能力，如此引發的良性循環，團體必向上向前發展，工作團體的成形已儼然可見。

比昂在領導團體時，他不對團體成員作個別的回應，他視團體整體（group-as-a-whole）為一個有生命的獨立個體，它有自己的團體心智（group mentality）。每位成員的需求或行為的表達除了他本身的，亦含有團體的需求或行為表達面向，以致個人的潛意識亦與團體的集體潛意識（collected unconsciousness）是相連結的，也就是說個人的需求或行為的呈現，亦多少代表團體整體也是如此，因此他對團體的回應都以團體整體作為表達。這類型的帶領方式在比昂後於英國的塔維史塔克訓練中心（Tavistock training center）至今仍延續著，因此現在亦稱這種帶領團體的方式為塔維史塔克模式（Tavistock model）。承繼比昂之後推動這種模式最著力者之一為 A.K.Rice, 他踏出塔維史塔克訓練中心，於英美普設訓練機構，名稱為 The A. K. Rice Institute；筆者二十七年前於紐約進修期間，曾參與此機構的周末研習，留下難以忘懷的經驗。許明輝博士在美取得此專業認證後，2018 年首次在台灣邀請多位國外專家辦理此項研習訓練，參與的同道都深覺這是一場震撼的洗禮。衷心建議對團體動力有興趣同道來親身體會！

結語

無論想成為團體心理治療師或成為機構組織管理的諮詢者（consultant，坊間稱教練），團（群）體動力的領悟是基本的且是必備的。但領悟除了知識性認知了解，實際的體驗團體更是重要，否則除了理性上明瞭許多「專有名詞」外，無實際體驗，就僅能停留在「想像」而無情緒接軌的空間裡。

有了團體動力的領悟（含認知和情感），無論在團體或組織方能有效運用集體內的動力流動，充分掌握成員間關係的變化。也就是，無論團體或機構內發生任何事件，皆能洞悉深層（即個別或集體潛意識）意義，此時領導才可發揮團體或機構的功能，使團體成員或機構員工透過團體成長、轉變進而對團體或機構外更大的世界擁有更高的視野。

無疑地團體的經驗相當重要，但將體驗化成文字的知識還是有必要的；若又具備此知識，將更能深化在團體內經驗的動力。因此無論想成為團體心理治療師或機構組織管理的教練，如何認識團體動力，本書是絕佳教科書。本書原文有些艱澀難懂，多年前筆者曾帶領住院醫師讀過本書，亦曾想翻譯，但都未能實現。而今鍾明勳醫師帶領的宗樺、佩琪、振宇、宏茂、育騏，使出洪荒之力，歷經兩年終於完成。相信他們的努力定會在台灣團體動力的發展留下痕跡。最後，仍要誠摯感謝心靈工坊出版社用心的指導我們做好翻譯工作，並願意提供出版！

譯者簡介

羅育騏，陽明大學醫學系畢業，衛生福利部八里療養院一般精神科主治醫師。負責本書致謝、序論、簡介與第一部第一章翻譯。

王振宇，國立陽明大學醫學系畢業，前衛生福利部嘉南療養院住院醫師，現為安大身心精神科診所醫師。負責第一部第二、三章翻譯。

呂宗樺，中山醫學大學醫學系，中華團體心理治療學會合格治療師、睡眠專科醫師，現為成大醫院精神部主治醫師。負責本書第一部第四、五章翻譯。

劉佩琪，中山醫學大學畢業，前衛生福利部嘉南療養院住院醫師，前衛生福利部花蓮醫院主治醫師。負責本書第一部第六、七章翻譯。

陳宏茂，高雄醫學大學醫學系畢業，前衛生福利部嘉南療養院住院醫師，現為恆春旅遊醫院身心科主治醫師。負責本書第二部翻譯。

致謝

感謝以下期刊允許翻印以下論文：

原載於《刺絡針》（*Lancet*, 27 November, 1943）之〈治療中團體內的張力〉（Intra-Group Tensions in Therapy）。原載於《人類關係》（*Human Relations*, Vols. I-IV, 1948-1951）之〈團體內之經驗 1-7〉（Experiences in Groups）。原載於《國際精神分析》（*International Journal of Psycho-Analysis*, Vol.XXXIII, Pt.2, 1952）之〈團體動力：一個回顧〉（Group Dynamics: a Re-view）。

目錄

緒論

7 本書所收錄的文章，獲得了比我原先預期還大的迴響，因此一直都有重印的需求，但庫存並不足以達成這樣的願望。

現在我明白，解決的辦法就是一開始就將它們再版。雖然我不太願意在沒有依據新經驗修訂之下就直接再版，然而，改寫很少是成功的，改寫時常因刪除一些試驗性的理論，而遺漏了構想發展的過程。因此這些文章還是在未做更動的狀況下集結再版。然而本書還是增添了兩篇之前未收錄、原先刊登在《人類關係》（*Human Relations*）系列中的文章。其中一篇闡述了我理念的源頭，這值得更進一步的檢驗；另外一篇則是統整了我想更深入探討、別人可能想要發展的結論。此外，純粹基於個人的因素，我由衷地感謝能與里克曼（John Rickman）合作，他的熱情與慷慨帶給了我許多啟發。

我很遺憾沒有討論與統治權（sovereignty）及權力（power）相關的議題。在本書討論的小團體中，統治權及權力很難發展到成熟的狀態。8 成熟的形式是外因的，團體因受到其他團體的入侵產生的衝擊而促成，如果有時間，我將會在其他書籍討論這些議題。而屆時我也會接續討論有關非經濟來源的金錢價值，這個問題除了本身就很重要之外，也會藉由對經濟的影響而對統治權與權力的動力造成影響。

身為一個執業的精神分析師，對於精神分析的取向深有所感，不管是運用在個別治療還是本書所描述的團體治療，其實是在處理同一個現象的不同面向。藉由這兩種方法，我們提供給執業者粗淺的雙眼般的立體視覺。根據檢視現象時所使用的方法，我們的觀察可分為兩類。其中一種是以戀母情結情境（Oedipal situation）為中心的思考模式，和配對團體（pairing group）現象較相關的檢視方法；另外一種則是以人面獅身（Sphinx）為中心的思考模式，與知識性以及科學性較相關的檢視方法。

目前我希望出版的著作讓我深信克萊恩（Melanie Klein）有關投射性認同（projective identification）以及偏執一類分裂心理位置（paranoid-schizoid position）和憂鬱心理位置（depressive position）兩種心理位置的交互作用理論十分重要。

如果沒有上述這兩套理論的協助，我懷疑我們對於團體現象的研究能有多少進展。關於這些理論如何作用的機制，我將在最後一章簡介，我誠心向讀者推薦。

比昂（W.R. BION）

概況簡介

11

治療中團體內的緊張：兩位作者對於團體工作的研究（註一）

「團體治療」這個詞有兩個含意。它可以是聚集一些個人共同進行的特定療程，也可以是一個團體透過有計畫的努力以達成順暢的互助活動。

上述的第一種治療通常類似於對精神官能性問題的詮釋，同時給予再保證；有時候也會轉變成在團體中公開坦露的情緒宣洩。第二種治療可以讓成員獲得促成良好團體精神因子的知識與經驗。

一個復健的方案（比昂）

在個別的心理治療中，精神官能症以個人的問題顯示出來，但在團體治療中，它必然會以團體的問題展現出來。這是當我被指派為一間軍方精神科醫院訓練部門的負責人時，為自己設立的目標。因此，我的第一個任務，就是從工作時間表以

12

及組織架構找出這項目標意味著什麼。

我希望在一種與世隔絕的安靜氛圍下進行這項任務，但是很難，因為每當我坐在書桌和文章前，很快地就會被纏擾不休的病患或其他人的緊急問題所干擾。我要見負責訓練部門的士官們並且向他們解釋他們的職責所在嗎？我是否要挪出時間和 A 士兵見面，因為他急需請假 48 小時去見一位剛從中東回來的老朋友？而另一方面，B 士兵也想尋求建議，因為不幸的火車誤點讓他被誤認為逾假不歸。有許多諸如此類的事情。

我花了一個小時左右思考這個問題之後，發現這一切缺少的就是紀律，一再因為這類的事情而延遲我的工作實在令人惱怒，因此，我開始認真地思量這個問題。

精神官能症患者的紀律

這個屋簷下聚集了三、四百個人，他們在原單位時就已經受益於具有治療價值的安排，像是軍隊裡的紀律、良好的食物，以及規律的照顧。儘管如此，這仍然無法阻止士兵們陸續入住精神科醫院。在這間精神科醫院裡，入住的全部都是這樣子的病人，而在他們進到訓練部門時，他們甚至不需要受到像是待在床上這樣輕微的限制。

我開始相信這一切所欠缺的是一種紀律，一種唯有戰場經驗老到的指揮官，才能在指揮一個相當天兵的部隊時所能展現的紀律。但這到底是怎麼樣的紀律呢？面對迫切的行動需求，我找到了一個工作假設。這種紀律必須立基於兩個主要的要素：（一）必須存在一個敵人，這個敵人提供共同的危險以及共同的目標；（二）必須有一位經驗豐富的指揮官，知道自

13

己的弱點，尊敬他手下的正直，並且不畏懼來自他們的善意或敵意。

如果嚮往成為主導一個復健部門的精神科醫官，那就必須理解自己是在一個經常必須面對生與死議題的位子上，並且將其視為自己的職責。他必須知道如何行使他的權力，因為成員們唯有在感受到領導者還有能力維持其權威時，才會願意接受他的帶領；他也必須知道如何和他的成員們維持情感上的親近。簡而言之，他必須能理解那種戰鬥官過的日子。一位能理解個中道理的精神科醫師，可以避免錯誤地將這些病人視為潛在的砲灰，並以如此的狀態將他們送返原單位。他會意識到，自己的任務是培養自我尊重，並能適應社會的人；而這樣的人，無論在戰爭中或和平時，均能承擔起自己的責任。唯有如此，身為領導的精神科醫師才能從深深的罪惡感中解脫，並且避免這股罪惡感削弱他對治療所做的努力。但對復健部門的病人來說，什麼是共同的危險？什麼樣的目標可以使他們團結？

察覺出共同的危險一點都不困難，各種的過度神經質總是危及精神科醫師以及被設立來治療這些精神官能症患者的機構。訓練部門的共同危險則是精神官能症的存在，因為這會造成部門的無能；我現在回到我一開始想要討論的點，也就是在團體治療中，有需要將精神官能症顯示為團體的問題。不過，我途中岔開了去討論紀律的問題，而在我回到原先的討論時想增加兩個附註：精神官能症必須被視為團體的危險；而這項危險的展示必須要成為團體共同的目標。

14

但要如何說服團體把對付精神官能症引起的無能作為共同

的問題呢？精神官能症患者並不總是希望治療，而當他最終因為困擾而前來求助時，也不一定是全心全意想接受治療的。我們在討論團體治療中的阻抗以及聯盟現象時已可辨認出這樣的不情不願，然而，在社會中類似的情況卻尚未被辨識出來。

這個社會尚未迫切感到須使用心理學的方法來治療它心理層面的困擾，因為它對自身苦惱的本質還未充分洞察。而訓練部門的組織架構卻必須，至少不能阻礙洞察力的增長。若是它可以突顯出精神官能症的行為對整體社群造成的困擾，同時會破壞幸福和效率，那就更好了。如果我們可以證明整體社群的痛苦，的確是精神官能症的副產品，那麼精神官能症就值得群體去研究和著手改善。這麼一來，我們在克服社會的阻抗這條路上便往前踏了一步。

訓練部門還必須滿足兩個雖然比較次要，但卻非常實際的軍事要求。如果可能的話，該部門最好提供一個可以診斷病人是否進步的方法，做為精神科醫師判斷病人是否適合出院的參考。此外，若能對病人工作的方向以及有效的動機有所診斷，也相當有幫助，可以對病人出院後適合的工作種類提出建議。

我發現，將訓練部門想像中的組織看成是一個封閉在透明牆內的框架，會很有幫助。病人會從某個點進入這個空間，而這空間內的活動是如此地有系統，以至於病人可以根據自身衝動相互衝撞後的結果，自由地決定行動的方向。他的行動將遠離外界干擾，不會受到外界的影響和扭曲。如此一來，他的行為本身將足以代表他本身的意志和目標，而不是他所宣稱的或是精神科醫師希望他擁有的。

15

可以預期的，在這空間內規畫的活動有些顯然充滿火藥味，有些則較為平和，另一些則僅是精神官能性無力感的表達。當病人的進展在沿著這些不同路徑前進時，套用威特柯爾（Eric Wittkower）少校在遴選官員時說過的短語：一個人的「優勢和缺陷」將可以用合理的客觀性來評估。在這一想像的空間中，病患朝某個或其他可能的出口前進時，他真正的目標就可以被判斷出來。

同時，該組織可以用來進一步實踐訓練部門的主要目標——提供群體處理人際關係問題的教育和訓練。如果可以達成近似於上述理論的架構，訓練部門的成員將可以站在這框架的外面，抽離地看著，並且對其中運作的問題有更多的了解。

實驗

我集結了由幾百人組成的訓練部隊，並告知今後將適用下列規定：

一、每個人必須每天進行一小時的體能訓練，除非有醫療的診斷證明書，否則必須參加。

16

二、每個人都必須是參與一個或數個團體，包括手工藝的學習、陸軍函授課程、木工、地圖閱讀、沙盤推演等活動團體。

三、任何人都可以依自己的意願創立新的團體，不論是因為他想從事的活動不存在於任何現有的團體，或是因為某種原因他無法參加現存的類似團體。

四、當團體的成員覺得當下無法參與團體活動時，他必須要去休息室。

五、休息室由護理勤務員負責管理，在裡面休息的人必須安靜地閱讀、書寫，或進行像是西洋跳棋這種安靜的遊戲。經過護理勤務員的許可，可以低聲說話，但不得打擾其他人，休息室裡也提供沙發讓不適合參加任何活動的人可以躺著休息。護理勤務員將會例行性地記錄所有到休息室的成員名字。

我也公告了每天中午 12 時 10 分集合，宣佈和傳達訓練部門的其他事項。然而，沒有讓病人知道的是，這個嚴格限制在 30 分鐘內的集會的真正用意，是要讓他們暫時跨出自己原本的框架，並且可以局外人的角度來觀察治療框架的進展。簡而言之，這個集會的目的是邁向說明治療研討會的第一步。

施行的前幾天幾乎沒有發生什麼事；但很明顯的，病人們開始進行量的思考和討論。在頭幾次的中午集合會議中，成員們較多試圖著衡量揣測這個提案的誠意；接著團體就開始認真地成形了。在一些比較顯眼的活動中，有一個計畫小組負責規畫團體的運作時間和地點，發佈公告，以及為免費音樂會和類似活動分配門票。計畫室裡有每個訓練部門的成員參與的活動標記在工作表上，且活動數量在很短的時間內就快速成長，那些富含病人原創性的多彩標記就像生意盎然的春天一般。此外，有人提出了一個好主意，用骷顱和交叉骨頭的標記給那些選擇不請假而缺席的人使用。

17

像這樣勇敢的展示，讓我有機會進行第一次重要的嘗試，也就是在 12 點 10 分的會議上進行治療性的合作。我通常會將參加各個團體討論會中的一、兩個人帶離，帶著他們一起「看看其他人和其他團體是怎麼運作的」。因此，我能夠向這個午間集會傳達我自己或那些和我在一起的人觀察到的有趣現象：儘管有那麼多種類的團體，而且每個成員幾乎都可以按照自己的意願自由選擇或提出具體的提案，但實際上這類的事情卻很少發生。木匠店最多可能有一、兩個人，汽車維修也一樣。簡單地說，我認為這樣的訓練部門看起來是只有表象，實質上卻空洞無物。這實在非常奇怪，因為訓練部門的成員長期以來一直跟我抱怨他們非常反對軍中的「騙局文化」；因此，上述的這個現象非常值得進一步的研究和討論。

這項聲明讓參與會議的聽眾們看起來就像是「被摸透了」。作為一個管理者，我把這個議題拋給所有人，讓大家共同負起討論此議題的責任，而不是作為軍官的我一個人的事。

18

訓練部門的成員以驚人的速度開始進行自我批判。原始的設定讓每個人可以自由按照自己意願行動，這樣的設定讓群體的精神官能症特徵得以痛苦且清晰地顯現出來。在短短幾天內，成員們開始抱怨說，病房很髒（迄今一直聲稱是一塵不染），在現有的病房雜役常規下他們無法保持病房的清潔；他們要求並且也得到允許在計畫小組之下組成一個清潔隊，其職責就是要維持病房一整天的清潔。其結果是，在隨後的每週檢查中，醫院的指揮官察覺到了病房的清潔程度發生很大的變化。

一些結果

要寫出關於這部門內所有治療方面的工作細節是不可能的，但我可以提供兩個例子來說明方法和結果。

新安排實施後不久，許多人向我抱怨，病人開始利用組織內比較鬆散的規定。那些人說：「只有百分之二十的人在認真工作，其他百分之八十的人都只是在逃避責任。」不僅休息室裡總是擠滿了這些閒蕩的人員，有些人甚至連工作都不做。我雖然已經察覺到了這一點，但我抗拒讓改善情況成為我的責任（至少表面上看起來是這樣）。相反地，我指出在幾週前的一個陸軍局時事會議上，大家的討論就已經集中在這類問題上。也就是說，大家當時就已經討論過群體內（當時討論的群體是蘇聯）存在這樣的不合作的個人，以及他們的存在所呈現的社會問題。那麼，又為什麼當他們發現類似的問題出現在訓練部門時會那麼的驚訝與感覺受辱？

19

但這麼冷酷的回答顯然無法滿足抱怨的人，他們希望這些偷懶的人可以受到懲罰或是接受其他處分。對此，我的回應是，那些抱怨的人本身無疑也是精神官能症的患者，否則不會來住院。那麼，為什麼他們接受的治療是一個樣子，另外百分之八十的人就要接受另外一種樣子的治療呢？畢竟，這種「百分之八十」的問題並不新鮮，民事法官、緩刑官員、社會工作者、教會，以及政治人物等都嘗試著處理類似的問題；其中一些是透過紀律或是懲罰。然而，同樣的問題卻持續伴隨著我們，有沒有可能這個問題的本質根本就尚未被充分闡明？而這些抱怨的人卻嘗試在問題尚未被診斷出來前就急著給予處置。我認為，這個問題顯然不僅關係到訓練部門，甚至關係到軍隊，而且可能遍布整個社會。我建議他們應該對此進行研究，並在他們覺得看到一絲曙光時趕緊提出新的解決方法。

值得一提的是，我決定在問題的邊界被明確定義出來前不去嘗試解決。經過既鮮明又恰到好處的不耐煩後，一個真切的信念誕生了，那就是該單位必須以科學的嚴肅性來處理這些事務。有人勸告我說，用這樣病人互相觀察的系統，如果想要有所成果的話，會很緩慢。我給他的回覆是，別忘了你幾天前才主動提到部隊裡的紀律還有忍受訓練的能力，在短短的一個月內就已得到了改善呢！

20

第二個例子則是要闡述一個想法和概念，如何從非常原始且很精神官能症的衝動進展到實際而常規性的活動。

到目前為止，有很大一群人希望可以開設舞蹈課程團體，儘管表面上是想測試我先前對於團體活動承諾的誠意，但這些並沒有參與戰鬥的男人們提出的提案，底下隱含著面對女性時可憐的自卑感也太明顯了。他們被告知要提出具體的建議，並且執行這些提案時並沒有耽擱我們的正事。後來課程通常在晚間娛樂節目中進行，這些課程只讓那些完全不會跳舞並有意願的人參加，而且這些課程是由 ATS（二次大戰英國軍隊的一個由女兵組成的分支部隊）所指導的。簡而言之，一個原本不切實際，而且很顯然和部隊中嚴肅目標以及軍人在戰爭中的社會責任背道而馳的提議，最後變成了在一天的工作結束後無傷大雅的認真鑽研。此外，對此有興趣的人也必須先接觸部隊的指揮官，ATS 的指揮官，然後才是 ATS 的成員，實際上就是以紀律為優先，然後才是社會禮節。

與此同時，中午集會也變得很有效率，生氣勃勃，並富有建設性；儘管許多對集會運作很有益處的老成員漸漸離開，而病房也必須大量的接收新住院的病人，上述的情形仍然成立。

這個計畫開始實施的一個月內就引起了重大的變化。雖然起初幾乎很難找到運用這些人的方法，但在月底卻變成很難找到時間來讓他們完成想做的工作；團體也已經開始在原本預定的時間以外運作，好長一段時間都沒有發生未報備即缺席的狀況，在這一整段時間內只出現過了一次。連不在訓練部門的人 21 們也開始焦急地想來參與，儘管參與的人會變動，但這部門裡面已經形成了清楚的團隊精神，從其中的一些小細節可見一斑：例如，當 12 點 10 分指揮官走進會議廳時，成員們會機靈地關注著，成員們和指揮官和諧地互相合作，而成員們也渴望能徵得指揮官贊同他們正在安排的音樂會和其他活動。儘管成員們還沒有辦法精確了解這件事的本質，但隱隱約約之間能明確的感受到指揮官和他們正在參與一項重要而且很有價值的任務，這種氛圍就像軍隊中的士兵雖然不清楚將軍真正的作戰計畫，但卻對他充滿信心一樣。

評論

要在一個只持續了六星期的實驗中得到許多結論是不可能的，有些問題目前還沒有辦法探討透徹，而另有一些問題則因為戰爭仍在持續而無法公開討論。

很顯然的，這個 12 點 10 分的集會越來越關注成員們的表達，他們和現實接觸的能力，以及如何有效率地管理自己的工作和他人的關係。對這種治療團體研討的必要性已經變得清晰，而我的實驗也為其開端建立了牢固的基礎。

訓練部門以團體作為研究和訓練成員處理人際關係的方法，看來已經被充分證明是合理的治療取向。對於在戰場上具 22

備良好團隊作戰知識的人來說，當他發現他單位裡的士兵和我上述訓練部門的成員有某些相似之處時，心神一定會為之一震；從這個角度看來，這樣的嘗試應該是有幫助的，但其中還有許多課題需要我們去學習。

有些人對於在醫院進行心理治療是否合適提出嚴重質疑，或許可以將其設想成一個精神病的訓練單位會更貼切一些；而確實，關於這個單位的建立以及運作方法已有清楚的闡述了。對精神科醫生來說，還有一些觀點和眼界的調整空間。團體治療要成功，精神科醫師必須要有好的單位指揮官所必須有的眼界以及可以直覺同情支持的天賦。否則，總是會有人懷疑，是否某些戰鬥指揮官比致力於狹隘的個別會談的精神科醫師更優秀，能有更佳的治療功夫？

最後，我們還是要關注一個事實，那就是社會和個人一樣，不太會想要透過心理治療的方式來緩解其痛苦，除非他能夠真正了解到這些痛苦是源自於心理因素。以訓練部門作為群體代表，它必須了解這個事實後，才能釋放自我療癒的最大能量。適用於訓練部門的方法，也可能適用於一般的社群。而對於希望能獲得全心支持以此方式處理根深柢固的國家士氣的人來說，可能有賴更深入的洞察。

23

團體治療在小型病房內的應用（里克曼）

在較新的團體治療向度上來說，我們針對只有十四至十六床的小型病房進行了團體治療應用的實驗。每位患者在一開始都會如常地和精神科醫師做個別的會談以蒐集個人史，之後每天早上都要在「行軍」時間前參與團體討論。等病患返回病房以後，他們可以打電話到精神科醫師的房間，私下討論團體討論的議題；通常是以行軍為主題的談話，或是每個人各自對它的感受。

治療性的談話集中於成員們表達身為一個團體的成員，卻很難將整個團體的福祉擺在第一位這一點上。

團體討論的議題包括以下的內容：

一、住在這小型的病房是暫時的，有些人會返回訓練部門，有些人則從其他住院的病房過來填補空位，該如何面對這種不斷變動的團體？我們不得不讓自己去適應那些新加入我們團體的人。原本的成員對於「我們的病房」（它一直都被稱作「我們的病房」）抱持著什麼樣的態度，對那些新來的人根本沒有任何意義。至於在我們之中的醫師、病人、軍官和其他階級有何差別，則又是另一個專屬的議題了。我們要不是把新來的人視為外部的人，就是把他們視為尚未完全適應的自己人。同樣的，對於那些回歸訓練部門的人來說，他們不可能永遠保持在小病房團體時的態度，也不能期待把訓練部門裡更多的人納入他們當初的病房團體；他們必須在新的地方找到自己的定位，讓這裡發生的事情成為回憶，並希望是一個對他們有幫助的回憶。還有就是，那些已經回到訓練部門的人該不該回到我們的團體？問題不在於他們可以從中獲得什麼（毫無疑問的，這是我們曾擁有過最有趣經驗之一），而是那些來自別的團體結構，或和原先病房失去接觸的人，會不會分神來關注他人對這個病房團體的適應呢？

24

二、進入這間病房之前的軍階，對這裡面的影響有多深？對成員們彼此互動行為的影響有多大？嘗試著讓大家都平等可行嗎？還是說可以將病房外的軍階作為一個參考，將其轉換為我們在這個病房內的層級？但轉換的基準點又在哪呢？

三、是什麼因素造成了病房內的不滿？這因素是僅限於戰爭時才會有嗎？還是對任何病房都是如此？抑或是存在於所有人和人的連結之中呢？

四、是什麼因素帶給病房滿足和快樂呢？是當成員們開始練習用自己的衡量標準來自由表達個人的冒險精神，抑或是當他們發現病房對個人的需求之後？這兩個論點之間有什麼根本上無法相容的地方嗎？如果有的話，是只對其中某些人如此，還是所有成員皆然？如果只是某些人這樣，那又是什麼讓這些情形展現的呢？難道這是伴隨他們一生的人格特質，只是在某些場合會比較強烈嗎？如果真是這樣，那病房能不能在不讓這些人感到壓迫的前提下，減少這種變化的程度？

這種取向對精神官能症的影響很大，他們已經樂於，有時甚至可以說是非常熱切地，於私下或公開的場合討論人格問題對社會的影響。精神官能症患者一向被看作以自我為中心、討
25
厭合作努力的人，但也許是因為他們很少待在一個**每位**成員在人際關係上都有相同立足點的環境裡。

這個實驗因為人事調動而中止了，因此我無法給出臨床或統計的結果。但這實驗似乎透露了，臨床醫生有可能將注意力放在團體的結構，以及在該結構中運作的力量，但不會與他的患者失去接觸；再者，當這樣的方法實施之後，在團體內或是在團體外可能會引起焦慮。

結論

我們現在有更好的基礎可以來定義什麼是「良好團體精神」，這一直是我們的目標。這就跟如何定義一個人擁有良好的健康一樣困難，但其中的一些品質似乎與下列因素相關：

一、一個共同的目的，可以是打敗敵人，或是捍衛、鞏固理想，或是對於社會關係以及環境設施帶有創造性的建設。

二、在面對其他更大的團體或組織單位時，團體成員們對於自我團體的「界線」、地位和功能有共識。

三、在吸收新成員以及失去舊成員時，具有不至於害怕失去團體獨特性的能力，也就是說「團體的特質」必須有彈性。

四、避免團體內產生邊界太明顯的次團體，如果有次團體的存在，它不能只以其成員或次團體本身為中心，好像自己並不屬於整個大團體似的，並且次團體對於整個大團體運作的價值必須得到其成員們一致的認可。

26

五、每個成員都因其對團體的貢獻而受到重視，並且可以在團體內自由的行動，其自由行動僅會受限於團體共同制定出來並且大家都接受的規則。

六、團體必須有能力面對團體內的不滿，並且必須有辦法處理這些不滿。

七、成為一個團體至少需要三個人，兩個人之間存在著的是個人關係，但三人以上人際關係就會有所變動。

這個在軍醫院復健部門精神科病房針對精神官能症患者的實驗，指出了我們有需要進一步地研究團體的架構，以及影響團體內交互作用的力量。心理學和精神病理學經常將注意力集中在個人，但忽略了他所處的社會環境。將個人和社會心理學視為同等重要的元素並研究它們之間的交互作用，將會在未來帶來益處。

註釋

1. 原註：由比昂以及里克曼（John Rickman）共同合作撰寫。

第一部

團體的經驗

第一章

早在 1948 年，塔維史塔克診所（Tavistock Clinic）的專[29]業委員會就請我以自己的技巧進行團體治療。我無法確切了解委員會的意思，但很明顯的，從他們的角度來看，我以前接手過治療性的團體，的確曾以病人團體內部的緊張作為團體研究的目標，而我認為委員會希望我再次這麼做。令我有些不安的是，委員會似乎相信這樣的團體可以治癒病人。這讓我發現，委員會對這種團體的期待和我作為團體中的一員的期待，從一開始就大不相同。關於團體的療癒，我唯一可以很有把握的療癒是我自己相對輕微的症狀——相信團體會善待我的努力。不過我同意，我會在適當的時候，坐在一個有八、九個人的房間裡，有時候多點人，有時少點人；有時候和我在一起的是病人，有些時候則否。當團體的成員不是病人的時候，我常常會有一種奇怪的困惑。我接下來會描述發生了什麼樣的事情。

當團體成員在約定的時間陸續抵達時，彼此會交談寒暄一下；接著，當一定數量的人到達後，沉默反而就開始降臨在團體之中。過了一段時間，會有一些斷斷續續的發言，但緊接[30]著，又會再度陷入沉默。在某種意義上，我可以清楚感覺到我是整個團體注意的焦點。除此之外，我察覺到自己因為被期待有所作為而心神不寧。在這一點上，我向團隊傾訴我的焦慮。我和成員們說，雖然我的態度可能會被誤解，但我的感覺的確就是如此。

我很快地發現到，我這樣的自我揭露並不是很受成員們的歡迎。實際上，團體成員們對於我直接表達自己的感受，而不是去察覺他們有權利對我有所期待，產生了一些憤慨。我沒有就這一點和他們爭論，但滿意於能清楚指出，即使團體成員對我有所期待，但他們無法對我予取予求。不過我很好奇，到底這些期待是什麼？又是什麼喚起了他們這樣的期待？

出於團體內的友好關係，他們告訴了我一些訊息，雖然這關係正經歷嚴峻考驗。大部分的成員都曾跟我說過，他們覺得我會帶領這個團體；有些人則對我說我對團體的知識已經聲名遠播；有些人認為我應該解釋一下接下來該做些什麼；另外一些人則以為這會是某種研討會或是一個小型的演講。當我提醒他們，這些大部分都只是傳聞時，他們卻讓我感覺我好像是在否認自己身為一個團體領導者的地位。我有所感地對大家說，各位顯然對於我有一些美好的期待和信念，但很不幸地，我必須要讓大家失望，因為這些並不是真的。然而成員們似乎深信這些期待是真實的，我這麼說只是故意又帶有挑釁地想讓他們失望。成員們認為，只要我想，我就可以表現得很不一樣，我選擇像現在這麼做只是出自於對他們的憤怒。我指出，對成員來說，你們很難承認這就是我帶領團體的方式，甚至我應該被容許以這樣的方式帶領團體。就此，我該在此對話中指出團體的目標已經改變了。

31 在等待團體決定它的新方向的同時，讓我試著向讀者解釋一下某些可能同時令團體成員以及讀者都感到困惑的行為，這應該會對讀者有所幫助。當然，我不會幻想我可以在團體裡這麼做，但畢竟讀者不像成員們可以親歷其境，而是只有文字可以參考而已。讀者可能會認為我對團體的態度是帶有做作的天真，或是自我本位的。為什麼團體必須要討論一些不相干的議題呢，像是我的個性、過往以及職業等等？ 我恐怕無法給出任何完整的答案，但我暫時會說，我並沒有強迫他們這樣做，但我同意團體是被迫這樣做的。然而，無關緊要的談話似乎就是大家的目的。團員們對我這個人的關注，就我看來是一種團體的自我妨礙，這應該是我以及整個團體都不樂見的狀況。我簡單地說明了我的想法。當然，有人可能會認為，是我引發了這種情況。我必須承認這的確是可能的，儘管我認為事實並非如此。就算我的觀察是正確的，但又有何用。目前我只能說我不知道這麼做是否有任何用處，同時我也不太確定我這個觀察的本質到底是什麼。如果將其類比成精神分析的現象和術語，我認為把這現象詮釋為團體的移情還滿吸引人的，而且我認為任何一個精神分析師應該都會同意我的觀點。不過在這觀點被證實之前，還需要評估大量團體治療的證據。但至少，我可以為自己辯護的是，這些觀察到的現象是在日常生活中自然而然發生的，而且是我們潛意識作用下不自覺地使其發生。如果我們發現這些觀察的確與事實相符的話，這將會很有用處。我們時常會被自己所感受到的，團體對自己的態度所影響，且又會有意識或無意識地因為我們對其想法的改變而搖擺。但我們很快會看到不該像我一樣在團體中如此脫口而出。這個行為我必須承認是該被視為奇怪的。但如果我們需

32

要用已知的先例來說明的話，有一些我們比較熟悉的類型的人，尤其是那些容易產生被害感的族群，的確會有這樣的行為方式。讀者或許會認為這不是一個令人感到愉快的先例，而不需要多久團體的成員也會明顯地這麼認為。但現在我們必須先回到我們放下的那個在改變方向的團體。

第一個讓我們感到印象深刻的就是團體氛圍產生了改善。X 先生是個個性討人喜愛的人，他已經接手了這個團體，並開始採取行動修補這些因我而起的惡劣局面。不過如果我讓讀者以為我們可以就此冷靜地看著這個團體，那是我給了你錯誤的印象。X 先生為了這團體的福祉感到焦慮，並且理所當然地將他的注意力轉移到他所認為的問題根源上，那就是我。你們可以看到他很懂得立刻處理那些會破壞團體關係和士氣的元素。因此，他很直接地問我，我的目標到底是什麼，為什麼我無法直截了當地清楚解釋我的行為？我只能道歉，並且跟他說，除了想要研究團體內的緊張這個可能有點薄弱的動機之外，我無法再更清楚回答他的問題了。比起我這個令人很不滿意的答覆，當他轉而詢問其他問題並得到成員們較配合且誠實的回應時，他從團體內得到了許多的同情。但是，我發現有些人並不是全心全意地追隨他的領導。不過那些持不同意見的人，似乎告訴自己不要擔心，因為塔維史塔克診所委員會讓我來帶領團體一定有很好的目的。他們讓我感覺，他們下定決心相信在我帶領下的這個團體經驗會很有價值，不論到目前為止他們所觀察到的是否真如此。

33

不過，X 先生還是取得了一些成功。Y 先生告訴 X 先生，說自己是緩刑監督官，並已經開始獲得關於團體的科學性知識，這應該會對他有價值。R 先生，雖然不是專業人士，但也對有關團體的科學研究深感興趣。X 先生，Y 先生，以及 R 先生也告訴大家與自身背景有關的一些細節，並解釋了為什麼他們覺得科學研究對他們會很有幫助。

但現在問題開始浮現。團體內的其他人似乎不像 Y 先生和 R 先生一樣那麼捧場，他們甚至對於 X 先生在團體中帶頭的行為似乎有些惱火。大家的談話開始變得閃閃躲躲，含糊其辭，而且看起來彷彿大家說出來的事情根本就不是彼此真正想討論的。隨著談話變得更亂無章法，我開始覺得我再度成為大家不滿的焦點了。我跟成員說，不知道為什麼，團體似乎非常想知道我在這裡的動機，而且因為大家還沒討論出個所以然，任何其他話題都不會讓他們滿意。

很明顯地，我的詮釋不受大家歡迎。有一、兩個成員想知道為什麼我要那麼在意自己，因為他們覺得大家明顯對我沒興趣，這根本不需要解釋。我接受到的感覺是，關於正在發生的事情，好像我提出來的解釋一點都不重要的樣子。我要不是感覺到被忽視，就是感到好像我講的話代表了我的觀點很扭曲。更糟的是，儘管我知道我的觀察是正確的，卻完全無法確定在此時這樣的觀察是不是最有用的。但我已經做了這樣的觀察和詮釋了，我也準備好看看接下來會發生什麼事。 34

我應該解釋一下，這個未經修飾的描述並不能很公正地反應出當時團體的情緒狀態。X 先生似乎因為團體不喜歡他這樣主動的行為而感到困擾，而團體中其他成員也都或多或少感受到不同程度的不舒服。至於對我來說，我必須承認這感覺是如此熟悉，因為它出現在我參加過的每一個團體裡面。因此，我無法將其單純地視為此一團體的特點。無論團體對 X 先生有什麼想法，我對自身的疑慮都只會更加嚴重。特別是，我懷疑我的人格特質，尤其是社交能力，是否讓我無法勝任我希望自己可以勝任的角色。不滿的情緒正在此刻我們所討論的團體裡面發酵，尤其是那些因我而起的不滿，已經嚴重到讓我懷疑這個團體是否應該繼續存在。在某些令人感到不舒服的時刻，我甚至擔心我必須跟塔維斯托克診所委員會解釋，他們的計畫因為團體無法容忍我的行為而搞砸了。我從成員們的行為可以看出，類似的想法也正在流經他們的腦海。

這緊張的氣氛占據了我整個心思，讓我十分不安。首先，我想起最近團體公開提議將我摒除於外。接著，我也很常經驗到團體雖然沒有對我說什麼，但是卻完全忽略我的存在，完全把我排除在討論之外，好像我根本不在那裡一樣。在某些類似的危機時刻，成員們會採取比較溫和的形式暗示是我讓自己置身團體之外，而且我的不參與使事情變得更棘手。像 35 這種溫和的反應是讓人相當安心的，但我仍然無法忘記當我剛要嘗試用這樣的方法進行團體帶領的實驗時，這實驗卻因為我被調職而終止了。我當然寧願相信這一切都只是巧合。但即便如此，曾經有位病患，不知道基於什麼樣的理由，一直不停提醒我有人很認真的想要破壞這個計畫。因此，在我所描述的這種情況下，我有充分的理由相信這種不滿是真實的，並且很容易導致團體的瓦解。

但在這時，我的焦慮因為一個新的轉折而得到緩解。Q 先生表示，在這種時刻用邏輯論證很難引出大家想要的訊息。的確，我寧可選擇不解釋為什麼我會有這樣的詮釋，因為這可能會妨礙團體本身去經歷這個現象的本質。Q 先生說，畢竟我會這麼做一定有一個好理由。團體內的緊張馬上得到了緩解，大家對我的態度也變得友善許多。很顯然這團體對我有很高的評價，因此我反而開始覺得我似乎對這團體不太公平，因為我選擇和他們不要有太多的溝通。我一度有一股衝動想要回應他們這友善的改變，並解釋我為什麼有這樣的行為。但緊接著我又察覺到，其實團體只是又回到了之前的狀態，也就是堅持關於我的傳聞都是真的。因此，我指出成員們這麼做似乎是想要誘使我改變我的行為模式，變得更符合他們在其他場域比較熟悉的模式。此外，我也指出成員們本質上其實忽視了 Q 先生的發言。大家關注的重點已經從原本 Q 先生講的整句話轉移到其中的一小部分，也就是，我本人應該知道自己在做什麼，也知道這一切是怎麼一回事。換句話說，單一一個團體成員很難向整個團體傳達團體目前還不想接受的事情。

36

這次團體是真的被激怒了，並且覺得有必要向我解釋他們應有的權利。很顯然沒人跟他們解釋過這個包含我在內的團體到底是怎麼回事。同樣的，其實也從來沒有人跟我解釋過這些成員所在的團體是怎麼回事。但我必須意識到，目前在場最令人不爽的人就是我，所以我自己的抱怨並沒有辦法和其他成員的抱怨享有同樣程度的正當性。對我來說，我很清楚發現自己在這樣的情境下有很令人驚訝的矛盾。我也的確曾經聽過關於我對於團體治療貢獻卓越的傳聞，我很努力去探討我究竟在哪一個方面如此成就斐然，但卻無法得到這方面的訊息。因此，我可以同情這團體，因為他們原本期待可以獲得的收穫不是像現在這個樣子。我可以清楚知道成員們一定覺得我的論述很不精確，就如同一個人在社會中對自己立場的觀點一樣不精確。而且，我的論述除了對自己有意義之外，對他們似乎不是很重要而且甚至是不相干的。因此，我覺得我必須要提出一個更廣泛的觀點才行。

從這一點來看，我覺得我的詮釋讓團體感到困擾。此外，團體把我的詮釋看成是我人格本質的顯露。毫無疑問地，我在某種程度上嘗試著描繪了這團體的精神面向，但這樣的努力卻因為成員們懷疑我的詮釋只聚焦在我身上而蒙上了一層陰影。這跟成員們參加團體之前的期待是南轅北轍的。我認為，這一定令他們感到非常不安。但除此之外，我們必須認清一件事，那就是成員們太容易將事物的表象當成是它真正的內涵了。

37

我們必須察覺到正在發生的危機，那就是成員們發現了他們不喜歡有我在場的團體經驗。這麼一來，我們必須坦然面對團體中的成員可能會離開，就像一個人不小心走錯房間時會想離開一樣。但我又不認為這是一個正確的描述，我提醒成員們，一開始大家最不願意接受的就是我說他們對跟我有關的傳聞的了解並不精確。既然如此，那些覺得被其他人誤導並且想要退出的人，應該要認真的思考為什麼自己會那麼抗拒任何聽起來在質疑他們相信我對團體治療貢獻斐然的言論。

此刻，我必須要說，這種情況底下蘊含的情緒是非常強烈的。我一度認為，「我僅僅是一個擁有特定專業知識的團體成員，除此之外跟其他成員沒有什麼不同」。這個客觀的事實不會被大家接受。反對這個想法的力量太強大了。負責告知的診所通知大家我即將來帶領這個團體的訊息，為這個團體的權威封印上了一個程度未知的神話。此外，我很確定，團體相信除非有一個像是神的角色可以為現在所有必須面對的事情負 38 責，不然他們一定無法處理目前團體內的情緒緊張。因此，無論我或是其他成員在現在這個情況下說什麼，都只會被團體重新詮釋成他們想要的意思，就像是剛剛發生在 Q 先生身上的狀況一樣。這麼一來，指出團體目前的溝通方式極度脆弱，而成員們的行動也都相當的不確定，就變得非常重要。這種情況甚至會讓人認為，如果團體中的每個人都聽不懂對方講的語言，誤解可能還少得多。至少可以降低我們自以為理解對方說的話的風險。

團體現在又開始對另外一位成員產生一些憤慨，但與其說是怨恨，不如說是焦慮。我感覺到他們希望那位成員成為領導者，但又不真的認定他會是團體的領導者。那位成員想盡辦法隱藏自己，這舉動更印證了我的想法。團體內的對話越來越失焦混亂，而我覺得大部分成員開始覺得痛苦和無趣。一個新鮮的想法突然出現在我腦海裡，於是我就說了出來。

我告訴團體，我們心意非常堅決的要找到一個領導者，而這位領導者似乎擁有某些特質是目前為止被期望成為領導者的成員們都所沒有的。從我們的拒絕行為看來，我們似乎清楚地了解我們要的是什麼。但同時，從我們目前的經驗來看，實在也很難說出我們想要的這些特質到底是什麼。同樣的，為什麼我們需要一個領導者的原因也模糊不清。團體的時間似乎就這樣被大家放棄了，而且似乎也沒有什麼其他的事情需要決定的樣子。或許有人會說，現在就是需要一個領導者來發號施 39 令，做一些即時的決定。但如果真是如此，到底在這種情況下是什麼讓我們認定需要這樣的領導者呢？ 這決不會是外部的因素，因為我們和外部的關係以及物質需求都是穩定的，而且關於外部的事情沒什麼是需要在近期決定的。這個尋找領導者的渴望可能是一些在團體裡運作無效的情緒的殘存物，也可能是在一些我們還沒辦法定義的情況下，的確需要這樣種領導者的存在。

如果我對於我身處其中的這個團體的描述很適當且足夠的話，讀者們一定會產生疑慮，甚至持相反意見，並保有許多想進一步討論的問題。但在現在這個階段，我希望先單獨討論其中兩個特徵就好。其一是團體裡無意義且徒勞無功的對談。從一般的標準來看，這團體裡幾乎沒有任何理智的談話。此外，如果你有注意到有某些假設是如何不受挑戰地就被當成是事實而被接受，就明顯地說明了我們的團體幾乎完全缺乏批判的能力。讀者必須要記住，你們可以平靜地閱讀這些內容，並且自由地使用你的判斷能力，所以你可以體會並認同我的觀點。但在團體裡完全不是這麼回事。無論表面上看來是如何，實際情況都是受到情緒的掌控，它強而有力卻又時常沒被察覺地影響團體內的個體。結果就是，成員因為情緒激動而喪失了判斷的能力。因此，團體很常跟一些智識性問題搏鬥，這些問題通常被認為是成員身處其他場合時都能很輕易解決的——不過這種想法在之後會被視為錯覺。我們的研究的主

40

要目標之一，就是去釐清這種會影響團體成員理性行為的現象。這種現象的存在，我目前只能用一些可能關聯性不大的事實描述來象徵和解釋。我所描述的事實和我們研究的目標的關聯性，可能比以黑白印刷去列印彩色圖畫所顯現的不足還要嚴

重。

第二個我想要提出來討論的是我對於這團體貢獻的本質。如果我可以對我使用的技巧，一種塔維史塔克診所專業委員會希望我使用的技巧，提出邏輯上的解釋的話，這的確會很令人滿意。但我會說這其實是一種既不準確又會誤導人的說法。我應該在接下來的段落對我所說的或所做的給予盡可能精確描述，但我也打算指出團體成員對於我所說的和所做的有什麼樣的想法。這不僅僅是為了闡明團體精神層面的運作，也是為了提供讀者更多的資料來得出自己的結論。還有一點我必須強調，我對團體行為的詮釋，看起來好像只和我自己有關而對其他成員都不太重要。在團體成員和讀者看來這或許只是伴隨著我的人格特質出現的產物，但它其實是經過深思熟慮後得到的詮釋。

第二章

41

我在上一章結束時說，我的貢獻在於，我以團體對我的態度來詮釋團體的行為，這看起來很不合理，因為它很不精確。我在團體中的行為功能遭到批評的事，還需要被仔細檢視。接下去我將針對這些批評提供解答，而非辯駁。首先讓我們思考幾個團體的情境。

當我們圍坐成圈，房間被輕柔的燈光照亮，一位團體中的女性成員生氣抱怨：

你們（指團體）總是說我占用所有時間，但是如果我不講話，你們就只會像蠢貨一樣呆坐在那裡。我真是受夠你們了。而你是其中最嚴重的（指著某位二十六歲的男性，他的眉毛輕揚，足以表達出感受到的驚訝）。你為什麼總是像個乖寶寶似的坐在那邊？什麼都不講，但是對團體又不爽。這裡只有比昂醫師會聽人講話，但是他什麼有用的話都不說。好啊那我閉嘴，我們看看我不講話的時候你們能幹嘛。

另一個情境：相同的房間，充滿夏日午後的陽光，有位男性在發言：

這就是我在抱怨的事。我問了很簡單的問題，我說我所想的事情發生了，因為我不同意比昂醫師。我說如果能知道別人在想什麼應該滿有趣的，可是你們有人回話嗎？一個鬼都沒有。然後你們這些女人最糟，除了X小姐以外。如果沒人肯回話，那我們到底能幹嘛？你們聽到我說除了X小姐以外都在笑，我知道你們在想什麼，但才不是你們想的那樣。

另一個情境，一位女性患者發言：

大家好像都完全同意剛剛比昂醫師說的，但是我五分鐘前才剛講過一樣的話，不過因為是我說的，所以完全沒人注意到。

再另一個情境，也是一位女性發言：

好吧，既然沒人要講話，我想提一下我做的夢。我夢到我在海邊，我要去游泳。有很多海鷗……有很多類似的情節。

某位成員：你就只記得這些？

女士：喔，還有，不過都很蠢。

團體顯得悶悶不樂，每個人好像都沉浸在自己的思緒中。團體中所有成員之間的互動看起來都中斷了。

我：什麼讓你停下來，不談你的夢了？

女士：呃，好像沒人想聽，我只是想要起個頭。

我會把焦點放在這些情境的單一面向上。第一位女士說「你們（指團體）總是說我占用所有時間」，事實上只有某次的特殊情況下，有一個人說過這句話。但這位女士的移情是針對整個團體而來，並且明確表示她認為整個團體都這樣看待她。第二個情境中的男士說：「你們聽到我說除了 X 小姐以外都在笑，我知道你們在想什麼。」第三個情境中的女士說：「因為是我說的，所以完全沒人注意到。」第四個情境中的女士覺得團體對她的夢境沒有興趣，所以她最好放棄。我在之前已經指出，任何還有現實感的人，都會有意識或無意識地，評估團體對其自身的態度。從這些例子中可以看出，同樣的事情也在病人團體中發生。我暫時先忽略幾個明顯的事實，像是有人渲染他人對於自己處境的評估。即使只有當事人自己會在意團體看待自己的態度，我仍希望這個現象能傳達出明顯的訊息，也就是這類評估所提供的資訊就如同觸覺一樣，是個別成員心智活動的一部分。因此，成員怎麼評估團體對自己的態度實際上就是一個重要的研究對象，即使最後並沒有帶來什麼結果，成員怎麼評估團體對自己的態度，事實上仍然是值得研究的重點。 43

但最後一個例子是相當常見的情況，顯示出團體成員形成這些評估的方式，對團體來說相當重要。因為個別成員所作的評估就決定這個團體社交生命的榮枯。

如果我使用這個「團體對個人態度」的概念作為詮釋的基礎會怎麼樣呢？我們在第一章已經看過幾種反應。在那些例子裡，即使我沒有強調，也可以看到某些這種詮釋的結果。現在要再講一個常見的反應。團體會試著表達對我更多的關注，直 44

到某個臨界點，團體的好奇心就暫時被滿足了，這可能會花兩到三個療程（session）。然後團體又會重新再來一遍，但對象轉為團體的其他成員。原本集中在我身上的力量會轉移到另外一個成員身上。當我認為已經收集到足夠的證據來說服團體時，我會跟團體成員說剛才已經發生了這個現象。這樣做的困難在於，從對我的關注轉移到對另一位團體成員身上時，會有一段過渡期。團體成員雖然關注另一位成員，但仍清楚顯現出對我的持續關注。我在第一章（原文第 33 頁）已經描述過這個情況，我形容自己給出了一種解釋，即在質疑他人時，團體對我真的很在意。如果我將這個情緒狀態解讀成上述的過渡狀態，應該會更為精確。

很多人會爭論這些詮釋的準確性。即使有明顯的證據顯示，團體中的多數成員都被團體對自己的態度影響了，無論有意識或無意識地，他們仍會說自己不知道團體其他成員怎麼看待自己，也不相信其他人有辦法做到。我們必須接受對詮釋準確性的異議，即使我們承認這個準確性有程度上的差異。在個別成員自動評估團體對其自身的態度時，懷疑本就是當中的元素之一，而這也是覺察的跡象。如果個別成員宣稱自己毫不懷疑，那麼就會讓人真的很想知道為什麼他毫無懷疑。是否有集體態度完全了然的時候？或者個別成員因為平常在社會上的舉止需要是正確的才會被視為有智慧，而無法忍受自己對事情的無知？在某種意義上，我認為一個團體成員的經驗如果與團體一致的話，他是受益的。同時，他對於他在團體情緒場中的位置有更精確的了解，並更能接受這個事實，即使這個增加的精確度讓他自身的需求不幸地無法獲得滿足。

45

或許有人認為，我的坦白會摧毀任何仰賴這類詮釋技巧的基石，但其實不然。儘管詮釋的情緒經驗本質得到澄清，但其作為人類心智生活一部分的必然性仍然不變，所以詮釋依舊是方法上的首選。除非有人可以證明其他心智活動能更準確地處理與團體研究相關的事物，否則詮釋的地位不會被撼動。以下是詮釋的準確性被質疑的例子。讀者可能要先回想起前面幾個段落，這樣才便於了解我如何從這幾個例子得出結論。

有時候我的詮釋會被禮貌地聆聽，但對話變得越來越凌亂，我也開始覺得人家不想聽我的詮釋。我這樣說：在前面的半個小時裡團體討論了國際局勢，但我卻說這些對話是在談論我們自己的事情。每次我這樣講，都覺得自己的貢獻是在引起不安，讓自己不受歡迎。現在我確定要持續做出這種貢獻，讓你們對我帶有敵意。

46

我講完以後大家沉默了一下，然後有位男性成員非常有禮地表示，他對我的詮釋不帶任何敵意，也不覺得其他人有。其他兩、三個成員表示同意他的說法。更甚的是，這段陳述溫和節制，帶著絕佳的友善態度，除了那毫無必要、顯得有點惱人但完全可諒解的再保證以外。有時我可能會再重複一遍，說我覺得自己被當作小孩，即使令人疲倦也還是被很有耐心的對待。針對這一點我並不打算繼續想下去，而是要十分嚴謹地思考團體成員所做的陳述正是在表示團體否認任何關於敵意的感受。我覺得，對於這個情境的正確評估要求我接受一個事實，也就是所有團體成員都是無比誠懇地表達他們不覺得自己（團體）對我帶有敵意。

我記得另外一次類似的情況。

除我以外，團體中有三男四女出席，有一男一女缺席。其中一位男士對一位女士說：

男士：你上禮拜怎麼樣？

女士：你是說派對嗎？很好啊，怎麼了？

男士：噢，只是好奇。你之前好像有點困擾，如果你還記得的話。

女士：（無精打采地）噢，對，的確是。

停頓一陣子後，那位男士繼續。

男士：你看起來不太想講。

47 女士：呃，不會，我想講，只是真的沒什麼事，一切都很順利。

另一位女士加入對話，試著將對話再往前帶一點，彷彿她察覺了話中的猶豫，她很快就放棄了。稍停以後，又有另一位女士挺身而出，講了些她上個禮拜的經驗。她很快地說了些話，然後又停下。一、兩位成員試著問點什麼，想要鼓勵她，但我覺得連這些提問者好像都因被關注而備受壓迫。團體的氣氛沉重，任何努力都是白費的。團體成員充滿決心，對我來說無比明顯，他們希望療程成功。我心想，如果不是因為有兩個人缺席，療程一定會進行得很好。我開始覺得挫折，想起最近兩、三次的療程，因為一個或者更多人的缺席而變質了。這次團體當中的三個人，在最近兩次團體中至少都缺席了一次。當所有成員都準備好要全力以赴時，團體卻變成這樣，看起來實在太糟了。當團體耗費如此的機會在什麼也不能做的冷淡跟阻礙上，我開始思考這樣到底值不值得。即使這麼努力，我也只看到浪費時間的對話。我希望我能想到一些具有啟發性的詮釋，但是素材如此貧乏，我找不到任何能用的東西。團體中的許多人開始以一種絕望的方式看著我，像是在說他們已經竭盡所能，現在輪到我了。確實，我覺得這也沒錯。我正思考是不是有任何機會，可以讓他們說說此刻對我的感受，但又打消這個念頭，因為找不到時機說這件他們一定已經知道了的事。

48

停頓越來越長，彼此的評論也越來越微不足道。我突然想到我正在經驗的感覺，特別是團體的冷漠所帶來的壓抑，以及急著要說些有用、啟發性的東西的迫切感，正是其他人現在的感受。成員不能固定出席的團體，必然是個冷漠且對成員的苦痛不表同情的團體。

當我開始思索自己能夠藉由詮釋說些什麼的時候，我被迫要處理讀者已經知道的這件事：這個無情又敵視的團體，到底是個什麼樣的團體？我必須假設團體是由同樣的這些人所組成，這些我看到他們奮力掙扎的人，而且就我所見，也包括那兩名缺席的成員。這讓我想起在顯微鏡下看太厚的切片。對焦一下，可能看到一個不太清楚，但有足夠清晰度的圖像。如果稍微調整焦距，我能看見另一個（圖像）。把這個觀念套用在心智上，我就能用不同的方式看團體，就能用不同的方式來描述我在不同的焦距下所看見的型態。

團體從個別成員奮力掙扎想解決自身心理上的困難，變成了對官能症患者與希望認真處理官能問題的所有人，表達敵意與輕蔑。對我而言，這個團體在當下是被缺席的兩個人所帶領的。他們顯示出成員有利用時間的更好方法，而不需參與我身為成員的這個團體所經歷的這些感覺。團體在之前的那次療程，是由現在缺席的成員之一所帶領。如我所說，我傾向於認為，現在當下團體的帶領者並不在房間裡，而是那兩個缺席的成員。他們不僅僅對團體覺得不滿，還以行動表達他們的輕視。出席的成員是追隨者。我聽著討論，思索著是否能把給我這個印象的事實摸得更清楚。

我必須承認，剛開始的時候，我不太確定。但接著我注意到其中一位發問的男士帶著特別不贊同的聲調。如果我維持我原來心顯微鏡的焦距，他對於自己所得到答案的反應，似乎在表達著禮貌的不信任。在角落的一位女士，用一種隱約的不悅感檢視著自己的指甲。靜謐被一位女士的感嘆詞打破，清楚表達了她對於參與一個本質愚蠢的遊戲的解離。在我先前的焦距下，她似乎竭盡所能要確保團體的進行。

我不覺得我成功地精準表達了我的印象，但我覺得我看見該如何解決我在第一個案例中遇到的困難。在那個情況下，我滿確定團體對我以及我的詮釋帶著敵意，但沒有足夠的證據作為我詮釋的有力後盾。

說實話，我發覺兩種經驗都讓人困窘。我選擇的研究方式似乎失敗了，而且是以最明顯的方式失敗。任何熟於個別治療的人可能都會預期團體將抗拒任何詮釋，也能預期團體會利用任何天賜良機來有效的否認（詮釋）。我想到，如果團體提供了絕佳的機會以供逃避跟否認，團體應該也提供了同樣絕佳的機會來觀察這些逃避跟否認是怎麼造成的。在研究這點之前，我要提出某些假設的觀點來檢視這兩個例子，而這些假設會決定檢視的形式。

我們可以看見，個別成員在團體中說的或做的，展現了他的人格與他對團體的觀點他的表達有時展現更多前者有時更多者。有時成員準備好要明白地以自己的名義做出貢獻，其他的卻想要匿名。如果團體能提供匿名表達的方式，一個逃避跟否認系統的地基就成功建立了。在例一中，個別成員的敵意以匿名的方式貢獻到團體中，每個成員都能真心地否認自己感受到敵意。我們應該要仔細審視團體的心智生命（mental life），看看團體是如何提供這些匿名貢獻的方法。我會假設團體心智是由這些匿名貢獻所構成的，而這些貢獻中隱含的衝動跟慾望也在團體心智中得到滿足。任何對團體心智的貢獻，都必須獲得團體其他匿名貢獻的支持，或者不違背其他匿名貢獻。我認為團體心智應該透過一致性來判定，這種一致性與形成個人心智中的思想多樣性形成對比。我預期團體心智如我所假設的，會反對團體中個別成員公開的目標，如果經驗顯示這個假設確實有用，那麼臨床觀察就可能再增添團體心智的其他特質。

以下是一些對我來說合乎這個觀點的經驗。 51

這個團體由包含我在內的四女四男組成，年紀在三十五到四十歲之間。大致上的氣氛顯得溫和而樂於互助。房間被夕陽愉悅地照亮。

X女士：我上禮拜過得很糟。我排隊等看電影的時候覺得自己很怪。我覺得自己可能會昏倒還是怎樣。

Y女士：你能去看電影很好啊。如果我能去看電影大概什麼都不會想抱怨。

Z女士：我知道X的意思。我也有同樣的感覺，好像我必須要離開隊伍一樣。

A先生：你有試著蹲下來嗎？這樣能讓你的腦部供血量增加。我覺得你會昏倒。

X女士：那不是真的昏倒。

Y女士：我覺得試試看運動總是有幫助。我不確定A先生是不是這個意思。

Z女士：我覺得你要用你的意志力。那就是我的問題，我毫無意志力。

B先生：我上禮拜也有類似的狀況，只是我不是在排隊，我只是自己靜靜坐在家裡……

C先生：你能靜靜坐在家裡很好啊。如果我能這樣的話，我就沒什麼好抱怨的了。

Z女士：我可以安靜坐在家裡，但我正是因為沒辦法出門而覺得困擾。如果你沒辦法整晚待在家裡，你為什麼不去看個電影或者做點事呢？

52 聽了一陣子這樣的對話後，我清楚知道這個團體中任何苦於官能症狀的人，都會接收到去做點什麼事情的建議，而給建議的人又出於自身經驗知道這些完全沒用。更甚的是，顯然沒有人對任何的官能症狀具有一點點基本的耐心。我從懷疑到確信，無法期待這個團體有任何合作。我必須自問，以我身為個別治療師的經驗，（這個團體）還有什麼可以期待的。我很熟悉這種患者難以互相合作的情況，那為什麼當團體的成員表現出這種特質的時候，我要覺得焦慮或者委屈呢？於是我想到，或許這個事實讓我有機會聽到更有分析力的方法。我覺得適合團體的座右銘應該是「賣仙丹的騙徒很團結」。當我這樣想，我就了解到我是在表達自己的感覺，這個感覺不是來自團體的不一致，反而是種一致的表現。而且我很快就察覺到，我並非無故把這句口號歸咎於團體，因為每次我試著讓自己被聽見，就顯示我正在對抗一個一致的團體。這個「官能症患者不能合作」的想法必須修正。

我不該再增加團隊合作的例子來豐富團體心智的特色，主要是因為我目前還找不到任何描述它的方式。我應該依照論文裡自然出現的這些歷程來讓讀者更明白我的意思，但我懷疑在團體本身之外並無法真正的理解。到目前為止，我觀察到在團體心智內個別成員會找到他投入表達的方式，而這個投入希望是匿名的，導致他達成目標的最大障礙就是他的成員身分。

53

我們可能會覺得個別成員在團體中要達成目標還有很多其他的阻礙。我不想預先判斷，但目前我不想把這個情況看得太重要。顯然當團體形成的時候，構成團體的個別成員希望能從中得到某些滿足。同樣明顯的，他們最早察覺的是由他們組成的這個團體所引發的挫折感。團體是否必然滿足某些人的慾望而挫折其他人的，仍有爭論，但我傾向於認為那些在團體情境中固有的困難，例如伴隨著團體陪伴而來的缺乏隱私，這些問題跟團體心智所造成的問題不同。

我常在討論的團體歷程中提到個別成員，但在提倡團體心智的觀念上我特別描述了兩名缺席成員扮演重要角色的療程。他們在團體的情緒定向上扮演重要角色，看起來好像跟團體心智相違逆，但其實有所貢獻。現在我要轉向討論個別成員，因此要先把這些官能患者與他們的困擾放在一邊。

亞里斯多德說人是政治動物。就我對其《政治學》的了解，我認為他這句話的意思其實是指人需要團體生活。雖然這工作對我而言實在沉悶，我不喜歡，但我認為精神科醫師不能忘記這句話，否則就有對其學科不平衡觀點的風險。我想指出的是，團體對於人類精神生活的實現是必要的，就跟其他更明顯的活動一樣，例如經濟與戰爭。在我前面所提到的第一個團體中（原文第 29 頁起），我可以說團體對我是必要的，因為我想要有個可以研究的團體，而且假設其他成員可能也會這麼說。即使我接受這是包括我在內的團體成員的目標（請記得我並沒有），我認為團體的心智生命對於個別成員的完整生命是必須的，與任何短暫而特定的需求都相當不同，而這樣的需求必須經由團體的關係得到滿足。現在我可以說，團體經驗中最強大的感覺，在所有我舉例的團體中都會浮現的，是挫折感。這對前來尋求滿足的個別成員來說是非常不愉悅的意外。因此而起的憤慨或許來自於天生無能了解我上述所說的觀點，也就是群體在本質上是滿足某些慾望的同時也否定其他的慾望的；但我懷疑大部分的憤慨是因個人想要在團體中滿足匿名表達的衝動而起。換句話說，我想要在這件我暫時定義為「團體心智」的事情上找尋原因，為什麼團體無法提供個別成員完整的生命。這個情況感覺是似是而非且矛盾的，但我不打算現在就嘗試解決這個矛盾。我會假設團體有潛力提供個別成員各種心智生活上需求的滿足，且只能由團體來提供。我顯然在排除經由獨處或者較不明顯地排除透過其家庭所能得到的精

54

神生活上的滿足。

我認為團體滿足個別成員需求的能力會被團體心智挑戰。團體會經由精巧而富有特色的團體文化來完成這個挑戰。我很寬鬆地使用「團體文化」這個詞，包括了在任何時候團體所達成的架構、團體追求的目標以及團體採用的組織。我要拉回關於團體堅持要有一個帶領者的推測（原文第39頁）。在我描述的情境裡，似乎是情緒的殘留在無用地運作，或者對某些尚未定義的情境的覺察所產生的要求予以回應。帶領者與其追隨者建構之團體將帶領者推到首位的企圖，是我想用文化這個詞來表達的好例子。我認為有足夠的理由假設，這個未定義的情境是我一直在講的團體心智，那麼團體就是在嘗試面對這個對其能力提出的挑戰，由其帶領者與追隨者的簡單文化，來滿足個別成員的需求。在我提出的這個計畫中我們看見，團體可以被當作是一種介於個別成員需求、團體心智及文化間的交互作用。要呈現這個三角關係，我們要看另一個團體的例子。 55

大概三、四個禮拜以來，我在一個病人團體當中一直聲譽不佳。我的努力被忽略，成員對我的回應通常是一陣禮貌性的沉默，然後接著對話，就我看來，毫不受我影響的跡象。然後突然，一位病人開始出現團體覺得很瘋狂的症狀，講一些似乎是幻覺的話語，我立刻覺得我又重新回到了團體裡面。

我又是那個掌控現場的好領導者了，完全能夠處理現場的這起危機，儼然就是做這份工作的人才，好像如果有任何團體中的成員想嘗試幫些什麼忙都顯得放肆。如果不是親眼看到，不會相信那個從驚恐到自滿的速度有多快。在那個病人警 56

告團體我的詮釋可能是神諭的宣告，且在這宣告被接納前的儀式性緘默之前，沒有人會覺得這些內容值得注意。在團體被提醒後，我就像是神祕儀式中的要角，充滿力量。從一個平凡人試著要認真做事的角度來看，這兩種狀況都無法讓人滿意。某個成員被視為至高神祇，不論是被建立或者被破壞，這種團體結構都少有用處。這種團體文化的例子可能會被描述成神權統治的縮小版。我沒有要強調這句話的重要性，只是目前它有助於定義這個情況下我所指的文化代表什麼。到目前為止，要合宜地運用我關於個別成員、團體心智以及團體文化的假說，需要定義這個三角當中的其他兩個元素。在轉捩點之前團體心智是種自然的狀態，藉由良好、友善的病人之間的關係，以及對我的敵意、懷疑的態度，個別成員的需求被成功地拒絕。

團體心智在這類特定的病人身上運作起來非常困難，也因為某些理由，並不需要進入這個情境。在這個情況下，有可能藉由呈現團體文化來造成改變，而不需闡明團體心智或者其對個別成員的影響。團體改變了，模樣跟行為變得很像在潛伏期的學齡孩童。深受困擾的病人，至少在表面上不受困擾了。個別成員接著嘗試要陳述他們的狀況，但只會提出一些瑣碎或者無關痛癢的事。我接著聯想到，團體採納了一種相似於遊樂場的文化模式，而當我們推斷這樣的文化能夠適度地處理團體的某些困難，能應對團體心智而不只是口頭上說說時，在這種文化裡，只允許提出就連學齡孩童也能處理的困難。團體再次變化，包括我在內的所有成員似乎或多或少比較處在相同的狀態了。同時，有位女士首次在六個月的團體時間內提到，她有婚姻上的困擾。

57

我希望這些例子可以帶出一些我所謂的文化，以及我認為需要被闡明的，三角當中的兩個元素。

我嘗試簡化我所提出的觀念的企圖很容易產生誤導，除非讀者心裡記得，團體情境是極度令人困惑及混淆的。我所謂團體心智，或者團體文化的運作，只有偶爾會很明朗的出現。當自身處在情緒當中，就更難保持理智。有許多次個別成員奮力對抗團體的冷漠，例如我描述團體成員缺席的情況時。在那個情境下，我把行為歸因於團體，而團體是受到其中一、兩個成員行為的影響。這沒有什麼特別的：孩童被告知他讓學校蒙羞，因為一個人的行為會被解讀為全體。德國人被說要為納粹的行為負責，因為沉默是一種同意。沒有人喜歡這樣堅持集體責任，但即使如此我仍要假設，除非團體主動地否定其帶領者，否則事實上是在追隨他。簡單說，如果在像這種行為的當下，團體沒有展現出明顯的跡象以拒絕他們所接受的帶領時，即使事實上可能只有一或兩個人的行為足以證實如此，我仍然可以合理地說團體覺得這樣或那樣。我敢說，團體的共謀這個信念可以建立在比反面證據更有說服力的證據上，但目前為止我認為反面證據就足夠了。 58

第三章

在前面的篇幅中，我解釋了我在團體中所做的貢獻。因為團體的情緒幾乎總是處在緊繃而困惑的狀態，對必須成為團體一份子的精神科醫師來說，要了解團體發生了什麼事並不容易。常見的挫折感，突如其來的枯燥感，經常是只能藉由成員間爆發的憤怒才得到舒緩。當我給出的詮釋剛澄清了原本團體中持續數週的晦澀氣氛，不多久同樣的情況又再度湧現。 59

我隨時思考自己在團體的情緒中占據什麼位置，以探詢這種令人困惑的情境。而且我喜歡觀察，至少對我來說，看著這種由團體其他成員來運作的領導者角色令我感到滿足。我曾提議，假設團體心智的存在，有助於闡明團體中的緊力。我用「團體心智」這個詞來描述這種我所認為的，由個別成員匿名做出貢獻的團體意志的一致性表達。我認為這種團體心智生命中的現象，讓個別成員在追求目標上變得困難。我的第三個也是最後一個假設，是團體文化。我用這個詞來描述團體當中，那些似乎是因團體心智與個人欲望之間的衝突而產生的行為面向。我會提供導引我提出這些觀念的例子，以具體說明我的想法。 60

在向團體做出詮釋的時候，我會避免使用團體心智之類的辭彙，而改用盡可能簡單且精確的用語。我可能會這樣說明我所謂團體心智的概念：「我覺得團體在最後五分鐘團結起來了，讓那些想要說或者做點什麼來幫忙我做進一步詮釋的人感到不舒服。」然後我會描述一些事實來展示團體是怎麼做的。即使我無法看穿團體是怎麼辦到這些事，也可以描述團體怎樣同心協力。如果我覺得有些證據可以展示團體是怎麼做到的，那就講出來。

或者當要說明我所謂的團體文化時，我可能會說，我們現在表現得好像都是平等、成熟的大人，自由地討論問題，能夠容忍彼此意見的差異，而不用擔心自己有沒有表達觀點的權利。

又或者，當談到個人的時候，我可能會說：X 先生遇到一點困難，因為他想要自己解決問題，但又覺得如果他堅持的話，會跟團體的其他人起衝突。

最後這個例子跟第一個例子一樣，同樣能說明團體心智。例子本身不是那麼重要，重要的是精神科醫師必須決定怎樣的描述最能澄清他的處境，然後用什麼辭彙最能向團體描述這個狀況。

我不會再花時間談詮釋中的遣辭用句。這當然很重要，但這不是在一本書裡能簡單講清楚的事。因此我會假設本書的讀者了解，應該要用具體的辭彙來描述情境，盡可能給予完整而精準的資訊，避免提及治療者奠基自身觀點的學術性觀念。

61

那麼團體心智、團體文化以及個別成員這三種獨立現象所形成的觀念，如何在實務上進行操作呢？不是太容易。我發現團體的反應令人厭倦而且難以捉摸。我可以詮釋前面我所描述的，而任何當下伴隨的反應，也能依照我的詮釋視為合乎邏輯的發展，但仍存在著令人困惑的例外。團體以某種令我糾結的方式改變了，讓我無法應用我的理論說服我自己。如果不是覺得這些理論不適用，就是它們只能說明一些不太重要的面向。

我希望我能舉些具體的例子，但我不記得具體而言我說了什麼。而且不管是什麼例子，讓我的理論顯露弱點的並非我所使用的字眼，而是伴隨的情緒。因此，我將要訴諸全然主觀的描述。

我說過詮釋的效果很不確定。但經過一段時間後，我認為某些行為模式會重複出現，特別是這種：兩位成員熱切討論起來，有時他們兩人間的交流難以描述，但他們彼此的互動如此明顯，整個團體也這麼認為。在這些情況下，團體會處於一種專注的沉默中。精神官能症對於非關自身事務常顯現不耐煩，這樣的沉默挺讓人驚訝的。無論這兩人是何時在團體中開始出現這樣的關係，也無論雙方各自的性別為何，這樣的關係都具有性的意義。這似乎是一種同時由團體跟兩名配對成員所形成的基本假設。除了性以外，沒有其他可能的理由會讓兩個人形成這種關係。團體會容忍這種情況，即使知道他們彼此交換著（曖昧的）笑容，團體似乎也準備好要無限期地允許這對伴侶繼續這種交流。存在例外，但沒有想像的多，但團體中的其他人可能會說有很多。 62

現在顯然這兩人在團體中可以是為了任何性以外的理由來此相會。因此必然，在這兩人心中渴望追求的目標，與團體因基本假設而生的情緒，兩者之間必然有強烈的衝突。在這裡的基本假設是指，團體中的兩人只會因為性的目的而配對。

沒有經過太久，這兩人在團體中變得沉默。如果被問到，可以預期有很多好理由回應。像是他們不想要霸占所有時間，他們已經把想說的說完了等等。我可以接受這些解釋，但我會再加上另一個，也就是他們察覺到他們之間的接觸並不符合團體的基本假設。或者是，雖然符合團體的基本假設，但不符合其他人所認為公開場合中合宜的行為。

任何擁有需要兩人的存在才能操作的探索技術（例如精神分析）的人，照理說除了做一對一的探索外，更要能探究配對的心智狀態，而非團體的心智。如果我對團體基本假設的觀察正確，那麼並不意外，這樣的探究顯示「性」占據了中心位置，其他的情緒都是相對次要的。

63

如果對配對的基本假設是他們因為性的目的而相聚，那麼在團體中相聚的成員的基本假設又是什麼？（後者的）基本假設是，成員來此相聚，形成團體，目的是為了維持團體。缺席的成員對團體的凝聚顯得危險，而出席彷彿是種美德，執著在這上面的討論很容易就會變得令人疲乏。任何不熟悉這類團體的人都會覺得很訝異，這些理應相當聰明的人形成的團體，竟然可以持續談論這些狹窄的話題這麼久，彷彿這樣就令人心滿意足了。根本沒有人關心是不是要讓團體變得值得存續。而事實上，任何對於團體利用時間的方式或提議改變占用的抗議都被認為與討論團體可怕的解體無關。在團體外，有時也會在團體內，個別成員相信團體耗用時間的方式，會影響人們想要成為團體成員（參與其中）的強度。但在團體內，個別成員在起初的一段時間內，會被「團體的凝聚感本身就很重要」的這種感覺所控制。

我的第二個論點是，團體似乎只知道兩種自保的方式：戰或逃。當團體運作時，它訴諸兩種流程其中之一，而且只以這兩種處理它所有的問題。而團體選擇戰或逃的頻率，令我猜測某種團體形成的基本假設可能存在。臨床觀察提供了相當的理由，讓我認為團體是為了達成戰或逃而相遇，就像我說團體是為了維持團體的存續而相遇一樣，這也是基本假設（之一）。後者（為了維持團體存續而相遇）是方便的假設，用來解釋為何團體可以容忍配對，卻難以容忍除了戰或逃以外的其他活動形式。繁殖就跟戰或逃一樣，是為了維持團體的存續。 64

有「戰或逃」先入之見的團體，會導致團體忽略其他活動，如果沒法忽略，就壓抑或者逃開。在團體內，關於團體的基本假設，跟其他關於團體能做些什麼的觀點，兩者之間有所衝突。關於配對的基本假設，跟其他關於配對者的哪些活動合宜的觀點，兩者之間也有所衝突。這兩種衝突激烈的程度不相上下。

從關於團體的基本假設之上又萌發了大量的次要假設，有些相當重要。個別成員在團體中會覺得自己的福祉是次要的考量。團體優先，在（「戰或逃」的）逃當中，個別成員是被拋棄的。最重要的需求是團體的存活，而非個別成員。

團體的基本假設，跟「團體是為了做創造性的工作而聚在一起」這樣的想法，有非常大的衝突，尤其是與「團體是為了處理某些成員的心理困難而相聚」的想法大相逕庭。當團體持續進行，會產生一種個別成員的福祉好像沒那麼重要的感覺。也會有一種感覺是，任何不以戰或逃來處理官能症狀的方式——意即是不跟官能症狀對戰，也不逃離具有官能症狀的人——這樣的處理方式不是不存在，就是會直接跟團體的利益相衝突。像我自己這樣（處理官能症）的方式，是不被團體這兩種基本技巧（戰或逃）認為是適切的。

我們都生活在團體中，有大量的（團體）經驗，但都沒有意識到這些經驗代表什麼。因此批評者認為，我想要使用團體的企圖，若不是在苛待個別成員，就只是在讓他們逃避自身問題。這並不令人意外。人們認為，身為群居動物的人類，一定是為了要抵抗（戰鬥）或者逃離某物而選擇了一個團體。

65

這些基本假設的存在有助於解釋，為何連我這種自認比別人了解團體的領導者，都會被團體逼得想要逃避這個工作。那種被認為合適的領導方式，要能夠帶動團體攻擊某人，或者反過來，帶領團體逃離。在這個脈絡下，我要提到與里克曼共事時，我在北場軍醫院（Northfield Military Hospital）的軍隊治療中做了實驗。人們認為，我們如果不是在試著讓軍隊回到戰場，就是在幫助逃兵繼續逃離戰場。治療的想法被認為是一種精心設計但容易被識破的伎倆。我們了解到，既不戰鬥也不逃跑的領導者，令人難以理解。

我們現在進行到這裡：從對我根基於團體心智、團體文化以及個人的這些詮釋的反應看來，顯示出我的理論並不足夠。重新檢視後可以看出，關於配對關係與團體關係是存在基本假設的。因為這些基本假設，我要修正關於團體心智的觀念，也就是說：

> 團體心智是整個團體意志一致的表達，由個別成員以自己未察覺的方式所促成。每當個別成員在一定程度上思考與表現得與團體心智不一致時，團體心智會影響他讓他知道，團體心

智對他的不認可。這就構成了一種交相感應的機制，被設計成能夠確保團體生命與基本假設相符（一致）。

團體文化是個人慾望與團體心智之間的衝突所產生的功能。 66

團體文化總是會展現出潛藏的基本假設的證據。對於前面我描述過的兩個基本假設，還必須再增加一個。這個新的基本假設是，團體是為了從個人所依賴的對象獲得安全感而相聚在一起。

前面的描述（原文第 29 至 40 頁）展現出，團體因為對我的期待與他們實際所得之間的落差，而感到困惑。當中有一種焦慮，覺得團體應該要沿著精心打造的路線前進，就像是研討會或演講一樣。雖然個別成員了解，我們相聚在此是為了學習團體及其張力，但當身處團體時，團體是很難理解的，例如與我互動的部分。會有替代的領導者產生，不久後他也會被拋棄，即使團體不甘願，像是從來沒有認同或者接受我的帶領，也會重新回到對我的忠誠。我描述了團體想把我排除的慾望。無獨有偶，在另一個情況下，團體的成員也曾告訴我，成員試著把我排除以破壞團體。在那個章節中我曾提到，由於團體的討論沒有範圍，或至少在我所見之內沒有範圍，所以團體需要領導者行使功能。

我修正後的理論讓我更能理解這個情況。如果當時我可以將其連結到我方才所描述的觀念，我的解釋跟詮釋將更為順暢。

首先，想把團體當成研討會利用的企圖，是為了保持團體堅持一個精緻而理性的行為水平，以便實現個別成員想要追求 67 的目標。就彷彿團體知道，若是缺乏這樣的企圖，我的流程會導致一種團體的強制性，會阻礙而不是協助達成個別成員意識上的願望。當這種企圖落空，依照我的理論所說的，被基本假設所主導的團體就開始浮現，也就是為了「戰或逃」形成的團結。

隨著這種團體浮現出來，我原本行使的領導力，不再被當作領導看待。在為了避免團體被破壞的警告下，如果我是團體所期待的帶領者，我應該會了解這份邀請，要求我辨識敵人的存在，而這在這種團體是最必要的。如果你只能選擇戰鬥或逃避，那你必須找出某個戰鬥或逃避的對象。

代替性的帶領者失敗了，但這樣的團體是罕見的。在我的經驗中，並非只有病人團體，大多數的團體都會找到能夠滿足他們的代替品。（這個替代者）通常是有顯著妄想偏執傾向的人，這個敵人如果不是很明顯會造成立即的危險，對團體來說，次好的選擇就是讓最有可能成為危險（或敵人）的成員成為領導者。

從我過去團體經驗的回顧中顯示，那些經驗與我修正後的概念相符合。我現在要把這些理論放進實際的應用中。

下面是這團體中發生的情況。我給出詮釋，告訴團體，治療在團體成員身上產生了一些不舒服的感受。詮釋的效果是要讓團體成員感覺我對「好團體」造成威脅。有一刻，我的詮釋剛好取決於 Y 小姐所說的話。她聽我講話，然後順暢地接續，彷彿我什麼都沒講過一樣。幾分鐘後，當我又給出另一個 68 同樣的詮釋時，情況還是依然，然後幾分鐘後再來一次。團體安靜下來。當 Y 小姐忽略了我的詮釋時，我知道團體已經真正像個團體般凝聚起來了，我毫不懷疑這點。當我說完第三次的詮釋時，我很確定團體不只是凝聚在一起，而且是團體凝聚在一起以阻止我的介入。我十分確定這個（團體的）決心在 X 先生身上更加具體實踐了，他從頭到尾沒說過一個字。X 先生是個充滿憤恨的人，而且害怕自己的攻擊性。他只有在團體是配對時，或者可以滿足依賴需求的時候才講話。即使在這兩種狀況下，他講話也很害羞，至少持續到他改善為止。但當團體真正像個團體般凝聚的時候，他只是靜靜坐著，給人一種他在情感上相當滿足的印象。這是到目前為止在故事中他給我的印象。

在沉默中，我察覺到團體中的另一個病人也正在經驗強烈的、情緒上的滿足。從某些角度來看，他顯得沒有 X 先生那麼重要，地位居下，我稱他為 M 先生。他的視線停留在 X 先生身上。有好幾次，他的眼神若有所思地在其他成員身上遊走，彷彿在期待有誰會想要捕捉到他的眼神。M 先生很少談到他自己的困難。當他講話時，好像只是要示範在團體中坦率並不會帶來什麼傷害，藉此鼓勵團體。但如果他真有這個目的那他絕對會失敗，因為其他更加敏銳的人會發現，他的發言其實都是謹慎挑選過的，而得到跟他不同的結論。在這個情況下，他那停留在任何個別成員身上，如同邀請般的視線，都被無視了。

J 小姐接著開始陳述她工作上的一些不愉快，講完了以後她迅速地提出對自己行為可能的詮釋。她試著再多講一點，但無法忽視團體強大的敵意，最後終於放棄並陷入沉默，顯示她

69

可能太有自覺而無法繼續說下去。

H 小姐接著勉強擠出幾句話，想要填補這個空洞，但很快地也屈服於沉默。

在沉默一段時間後，我談到成員們，特別是 J 小姐跟 H 小姐，試著要在治療上有所進展。她們覺得應該要談一談自己的問題。部份是因為她們覺得這樣會有用，可以來幫忙我跟團體。部分是因為她們覺得這樣可以打破團體的敵意感。我想這段沉默，可以看作是整個團體在表達敵意，也可以看做是團體中的個別成員在表達自己知道沒有什麼建設性的工作可做。

我描述的這種情況是一種情緒上的情況，難以用文字來陳述傳達。這就是我所謂，當團體真正成為團體的時刻。當團體這樣凝聚在一起，就變得跟現實生活很像。就像人類生活的一部分，像家庭，但又絕對跟真實的家庭不一樣。這樣的團體的帶領者，跟家庭中的父親角色明顯不同。在特定的情緒狀態下（後面會提到），帶領者會表現得像父親。但在這種團體中，任何展現了親職性質的成員，很快就會發現自己並沒有真正身為父母親的地位、義務或者權利。確實，到目前為止，我身為精神科醫師，被期待在團體中展現親職的特性。我自身在團體中的位置，此時變得異常了。我的行為已經讓團體團結起來，像對抗團體的敵人一樣對抗我。除了這點以外，這樣的期待又變成另一個額外的理由來將我排除在團體外。當基本假設暗示著，把個人福祉視為首要之急的人並不適任，我需要由身為精神科醫師的身分所授予的權威，以確保我能繼續留在團體。

70

X 先生在團體中不需要講話，他與團體是一體的，因為他最主要的感覺，破壞性的憤恨。這樣的感覺是基本假設所認可的，是團體為了戰或逃而聚集。

M 先生扮演了有趣的角色，值得多加注意。在我可以給出團體能夠理解的詮釋前，我必須觀察他臉上的表情，以及他指使團體成員參與的命令。我就像在看著他指揮交響樂團的默片。他想要表達的是怎樣的音樂？M 先生的功能是維持（團體中的）敵意，才不會有人沒注意到我在這個情況下對於要讓團體做出改變的無能。

我持續仔細的注意著這個情況，特別是在情緒上的特徵。我能指出幾點。自找麻煩以期得到幫助的個別成員，會被忽略或者晾在一旁。想要表現得具有建設性的企圖，也得到差不多的待遇，在所有團體成員之間，則有些隱微的同情。而我們都坐在這裡，我們所做的一切，讓我們成為團體。我可以指出，許多團體成員會藉由一套通常很隱微的肢體動作，來跟團體的其他成員溝通，例如 M 先生。或許是因為我們觀察的能力還很有限，所以可能還有其他的溝通方式我沒有辨認出來。

71

說我的詮釋被漠視並不是很正確。有些事情讓我覺得我說的話還是有被聽進去，但就外在的表現來說，我可能被團體用隔音玻璃隔絕在外。我的詮釋並沒有對團體的行為造成些微的影響，團體還是繼續維持了三十分鐘的沉默直到時間結束。就像讀者猜想的，我必須自問，為什麼沒有反應。可能我的理論依然不對，又或者是我的詮釋不對。事實上我覺得我面臨的情況就像是在精神分析當中，當個案缺乏反應時，我（當下）所得到的訊息在後續的療程中會顯得非常不完全。

事實上就是這樣發生的。團體在下個療程中就像我在前面描述過的，是為了配對的目的而形成的團體。我不打算在這裡多提那個團體，但要描述一下另一個團體的情況做為代替，因為另一個團體比較能釐清團體文化的改變。在案例中我給了的詮釋似乎在療程與療程間起了作用。我現在要講一個正在發生改變的療程，一個正在從戰或逃的狀態中改變的團體。

團體經常處在戰或逃的狀態。這個情況下的團體文化對許多成員來說極度令人厭煩，而此時有位男性開始跟我對話。說這些對話沒意義也不太公平，因為他提供了足夠多的素材需要被回應。他講了幾句之後突然中斷了，好像他察覺到自己言不及義的空話終於說不下去了，而且希望沒有努力到太明顯的程度。另一個女性成員接著做差不多的事，兩個人都表現得對自己的冒險成功很滿意似的。接著又有兩個成員重複這個步驟。到這個時候，其他成員企圖照著這幾位先驅的方式開始交談，但顯然這些對話已經沒有意義了。

72

如果我是在精神分析中見到這種行為，我就會開始認為，患者是想要藉由建立與我的接觸以得到再確認，並感到安心。這種接觸在他的感覺中是安全的，不需透露他焦慮的本質——他正是想透過再確認來對抗這份焦慮。

在這個團體的情況中也可以給予類似的詮釋，但如果這個動作想要能精準的命中當下（此時此地）的情緒，那麼這個詮釋必須要對個別成員正在發揮的社交功能給予應有的重視。我據此詮釋他們的行為是（企圖）操弄團體。他們試著要藉由建立配對關係，以打破戰或逃的文化。過程的第一步是他們跟我開始接觸，因為經驗讓他們知道，我的情緒可能比較不會那麼涉入團體的情境，不致於無能反應。也只需要做這件事，跟團體其他成員做同樣的事。然後從那一刻起，只要幾分鐘的時間，團體就變成尋求配對的團體。一旦這件事發生了，個別成員的問題就又可以開始討論了。

我說我希望用這個例子來描繪改變如何成真，但我打算藉由這些片段讓大家看見隨著團體進行，團體文化轉換成另一種團體文化，又再回轉（的過程中），這當中個別成員發生什麼事。

73

如我所說，這個團體因為嘗試存活在戰或逃的（團體）文化中的挫折而受盡折磨。有那麼一下子，配對的團體似乎能提供一點慰藉，但沒有多久，這樣團體的缺點也逐漸顯明。首先，我的角色不能被滿意地實現。在戰或逃的團體中，團體的基本假設讓個別成員難以專注在我所說或者所做的事情上。在配對團體中，基本假設則使得個別成員難以維持跟我的對話。基本假設會讓任何配對的對話都很困難，但是治療者的特殊地位更加重這樣的難度。熟悉精神分析理論的人應該能理解這種阻礙對話的情況。

我提到在戰或逃的（團體）文化中，團體的反應讓有偏執（被害）的個人在團體中受到重視。當團體過渡到另一種文化的時候也有類似的反應。一旦有人察覺到團體文化從一種基本假設進入另一種，我們就可以利用這樣的改變，來幫助臨床的觀察。就像科學家利用不同波長的光，取得不同的影像，來了解研究對象的狀態。

在我目前提到的兩種團體文化裡，精神科醫師會遇到由基本假設所造成的困難。因為他的職業身份，讓他無法輕易融入基本假設對團體領導者的要求。這導致團體沒有準備好要接受治療師對團體所做的努力。我認為治療師應該要牢記在心，看看在團體中經驗到的缺乏反應作為一個因子如何與其他因子互 74 動，而促成自己被團體拒絕。如果治療師覺得（懷疑）團體對自己很有好感，治療師應該要自問，自己的帶領是不是開始順著團體基本假設的要求走。

現在我要開始思考「依賴」這個團體文化的狀態。

在這個團體文化的基本假設中，彷彿有個外在的客體，負責提供這個還不成熟的有機體安全感。這代表老是有人覺得自己應該供應團體的需求，而團體其他人則處於被供應的狀態。當團體進入這個文化，建立起前面所說的另外兩種正在經驗中的文化的替代品，先前近似於從戰或逃進入配對狀態時的那種放鬆感，同樣會出現。但當文化真正被建立起來以後，個別成員再一次開始展現他們的不適。一個常見的現象是，對於貪心的罪惡感的出現。只要一下子就會發現，這個現象滿容易預期的。就個人而言，戰或逃或者尋求配對的團體文化並不代表一種過時態度的殘餘，儘管人們可能認為它們是團體原始的形式。而對於被設定為用來讓人永遠依賴的這種團體狀態，對個別成員來說，是在貪婪地要求超過其應得的親職照護（父母的照顧）。因此這在團體的基本假設與個別成員作為成人的身份之間，形成劇烈的衝擊。在另外兩種團體文化中，衝擊則存在於個人身為成人的條件，與個別成員身為成人感覺需要付出什麼這兩種基本假設之間。在這個（依賴團體）文化中，精神 75 科醫師彷彿是父母親的感覺會更加明顯。伴隨這點，可以預期相對應的問題及困難。除了放鬆以外，也同樣會因讓自己處於依賴的狀態而感到憤慨。關於性的羞怯（尷尬）感，也跟在配對團體中展現的不同。比較常見的是憤怒跟嫉妒，但沒有在戰或逃的團體中看到的那麼強烈，也不會引起那麼大的恐懼。當然，這是因為這個基本假設是，有人會在旁邊確保個人的不負責任行為不會帶來不幸的後果。恨在戰或逃的團體狀態中並不伴隨這些再確認，因為（團體會）覺得帶領者是為了表達這類情緒而存在。即使因為更能自由表達感覺而放鬆，「想要這樣做」跟「想要表現得成熟」之間的衝突也依然存在。

關於我前面所提到的，團體希望把療程當作研討會看待，我認為原因之一是潛意識的恐懼。這個恐懼是，除非團體維持成熟的結構，否則我所描述的各種團體中的強制性將無法得到解決，而且個人加入團體的表面目標將不會因為加入團體而被向前帶進而是受挫。這個衝動很明顯地表現在我們將治療性團體「稱為治療性團體」上。這些看起來好像很合理，我們應該把它看成是治療性團體，我們應該認為精神科醫師就是領導者，我們應該只談論精神官能上的病痛。如果這樣想，然後配合著去做，就不會被發現，我們正試著把團體連結在某種行為模式上，以避免團體出現任何令人恐懼的糾纏。

第四章

在上一章中，我已經提到病人在抵達時已有先入之見，是有助於團體行為達到複雜層級的有利基礎。這個先入之見指的是團體是由醫師和病人所組成。 77

人們開會時，例如在委員會中，會有程序的規則，通常還有議程。完成工作的形式則因團體而異。在我擔任精神科醫師的這個團體中，由於我的地位，我是最明顯被授權去建立程序規則的人。但我則是利用這樣的地位不去建立程序規則和議程。

就從確認我的不作為開始，團體努力地填補我的空缺，這份努力的強度像是生死關頭的搏鬥，而不只是為了提升工作效率的熱情。這種團體捍衛自己的現象正是我在上一章中所描述的團體表現形式——戰或逃團體（fight-flight group）、配對團體（pairing group）以及依賴團體（dependent group）。彷彿團體發現自己可以輕易找到符合基本假設的態度來建構自己，除非它故意不這麼做，例如學生團體可能以研討會或講座的概念來建立複雜結構。那麼，病人團體能迅速找到的結構基礎，就是「將神經性失能視為疾病，並將治療師等同醫師」這一普遍可接受的常規。 78

依賴團體

團體一開始堅定地專注在建立醫師和病人的這個想法上，嚴守特別加強的紀律，小心翼翼地將談話嚴格限制在那些支持患者在與醫師交談的觀點的主題上，不會帶入其他重要主題。團體才會建立起熟悉和不變的處境的感受。

通常此時可以觀察到團體會堅持醫師是唯一被在意的人，同時團體會表現出對醫師專業不信任的行為。假如精神科醫師覺得自己被迫藉由宣稱自己的精神科醫師專業來幫助恢復複雜的結構，那就表明不只有患者感到需要熟悉的情況。複雜結構的維護與結構存在不穩定的感覺有關，並且很容易被推翻。在觀看團體與這個問題奮鬥時，我想起了近年來經常聽到的警告，即文明本身正處於危險之中。帶領者的問題似乎總是在處理如何動員與基本假設相關的情緒，而不會危及複雜的結構，這種結構似乎保證個人在成為團體成員的同時擁有個人的自由。這種緊張的平衡，我在之前談論團體心智、團體文化和個人之間的平衡時曾提到。

79 正如我所說的，一個複雜結構的醫、病基礎很快就顯示出它的不足，原因之一是它只是依賴團體的一層薄弱偽裝，所以這種基本團體的情緒反應立即被激起，而複雜的結構就遭到嚴重破壞。

這有什麼重要的呢？在上一章中，我提醒大家注意這種情況所引起的不愉快，現在我們可以再多探討一下。這種依賴團體的特質是會凸顯某一個人，對於雄心勃勃的人，又或者是對於任何想獲取聆聽的人來說都是困難的，因為這意味著在團體及成員的眼中，這些人都處於與帶領者競爭的地位。益處不再來自團體，而是來自團體的領導者，結果是讓人覺得只有在與領導者交談時才能受惠。這情形引發的感受更令人不愉快，因為它與過多的要求和給予太少的感覺相關，成員感到被欺騙或飢渴。要舒緩這樣的不愉快，只能告訴自己：眾所皆知，精神科醫師在團體中照顧到每個人是不可能的，而療癒與短暫愉悅的感覺不同。因為每個人都認為只有在與精神科醫師交談時才是在接受治療，所以所有成員都會以最不經濟的速度取得進展。這種印象只能透過詳細說明的方式得到些微舒緩，團體儘管不愉快，但對依賴結構仍然緊抓不放。

這類團體中不愉快的基本特徵正是因為團體本身的性質，而這一點應不斷被指出。

當團體依賴結構明顯時，個人通常會帶著他想要談論的不悅的精神問題抵達。團體的態度使得任何對他問題的思考都很困難，而所引起患者在目的上的挫折看起來是這個團體技巧的嚴重缺陷，但這又必須確認我們關心的不是給予個人公開的治療，而是專注在團體實際的體驗以及在此種情況下團體及成員對待個人的方式。還有一點：團體中的患者通常會帶著精心準備的陳述到達，而且只在他們認為自己可以按自己選擇的方式參與時才會說話。如果精神科醫師的反應就像他在公共場合進行個人治療一樣，醫師很快就會意識到自己正在對抗該團體，而患者也會選擇與團體合作。如果精神科醫師有強大的心智來避免掉入這種陷阱，他會觀察到，那些病人因個人迫切的困難遭到忽略而起的憤怒乍看很合理，但他會發現這憤怒比較不是由於合法目標的受挫，而是因為暴露了病人無法討論的問

80

題，特別是他作為團體中的個人的特徵、團體成員身分的特徵及基本的假設等等。因此，如果一個女人原本認為精神科醫師可以緩解她個人的困擾，他藉由分析她的聯想加以回應，就會發現她的問題；但若精神科醫師沒這麼做，那就會發生完全出乎病人意料的情況，且病人會很訝異精神科醫師竟無法指出團體的困難，包括病人原本不以為意的困擾，雖然最終顯示並非如此。這情形在精神分析中當然很常見，討論的主題不是患者想討論的話題。儘管如此，重要的是要認識到精神分析師很容
81
易在團體中犯下一個他絕不會在精神分析中犯下的錯誤，就是將團體過程視為公開的精神分析。當精神科醫師發現自己正在處理病人或團體認為他應該處理的問題時，他就該提高警覺了。這一點很關鍵。如果精神科醫師可以大膽地使用團體，而不是花時間在或多或少不自覺地為團體的存在道歉，他會發現適當使用團體的好處是勝於所遇到的即刻困難的。

在依賴團體中，「逃」侷限在團體裡，「戰」僅能針對精神科醫師；團體的衝動是遠離敵對的對象；精神科醫師則是朝敵對對象前進。此外，團體情緒似乎只在其依賴團體的心態轉變為其他兩種基本團體時，才會產生變化。這一團體的特徵是個人關係上的不成熟和團體關係（除了基本團體外）的無效率，這兩種特徵都跟個人透過艱辛自覺的溝通所展現的最佳能力背道而馳。要掌握這些要點的全部意義，有必要將這種狀況與其他種類團體相對應的情況進行比較。

除了帶領者外，恐懼在這種團體中成了個人至高無上的美德。加入此一情緒領域意味著，一旦團隊中的任何成員經歷恐懼，立即展現更強的閃逃能力。這樣的狀態對於個人來說是非

常不愉快的，畢竟，他們完全意識到自己作為一個成年人的慾望。

團體通常將自己建構為一個依賴團體，以避免經歷配對和戰或逃團體所特有的情緒體驗。在某些方面，依賴團體非常適合這樣做，因為正如我所建議的那樣，該團體可以將自己限制在逃的經驗裡，並且讓分析師體驗，如果他願意的話，致力於團體逃避的問題是什麼。這個團體和我——精神科醫師——之間的共生關係是用於保護團體成員不用經歷他們尚未準備好面對的團體生活面向。因此，他們可以自由地練習與我建立複雜的關係。我說「與我」，是因為依賴團體的早期經歷表明，團體中的個人顯然無法相信他們可能從彼此身上學到任何有價值的東西。

82

根據我所說的，能了解到，處於依賴心態的團體成員對他們的經歷並不滿意。無論如何，他們的心情與他們所經歷的情緒形成鮮明對比，當他們專注在帶領者身上時，他們就可以袖手旁觀來等待他解決他們所有的問題。多虧我能夠詮釋，以致於他們無法將他們的直接幻滅歸咎於我未能做到這類團體帶領者所應該做到的事情。事實上，如果該團體懷有任何這樣的想法，那可能只是因為我未能完全闡明正在發生的事情。關鍵在於，這個基本假設和伴隨的情緒領域產生了其特有的挫折感，在某人身上可能較凸顯的是這一點，在另一人身上則是另一點。

當依賴團體的調查已經展開時，就可以觀察到現在需要加以注意的某些特徵的出現。團體總是明確表示，希望我帶著權威行使團體領導的職責，我接受這一責任，但不是以團體期待

83 的方式。在早期階段，認為這種權威是基於我是一名醫師而他們是患者的想法似乎合情合理，但是該團體的行為特徵最終表明的情況比我以為的複雜得多。團體對於除了我以外沒有人有權博得注意的堅持與對我所做所為的深刻失望相呼應；一種不可動搖的信念，就是他們有理由認為我有資格且有足夠的經驗來帶領這個團體，但也同樣不可動搖地漠視我所說的一切。（註 1）

如果我考慮到這個團體的情緒氛圍——需要相當的否認的能力以不這樣做——很明顯，該團體並不在乎是否理解我所說的話，而是僅僅利用我的貢獻，他們可以藉此方便地連結到看似已經建立好的信仰全集。手勢、語調、態度和外表，有時甚至是我所說的主題，只要能安置到這個系統中，它們都不會出錯。該團體正在豎立一個可以依賴的對象的穩固肖像。

一開始，這幅肖像的特徵並不容易辨識，但即便如此，還是可以很明顯看出它們不是醫師的特徵。同樣的命運降臨在任

84 何其他被高舉到我的位置上的團體成員身上，結果是團體中的個人無一例外地發現自己以反覆無常的方式影響團體，並且只是隱約地與自己努力表達的想法有關。我努力想要藉由清晰思考及明確表達來闡釋團體混沌不明的情況；在最佳狀況下，這是一個相當大的野心，但隨著時間的推移，很明顯，除了其他因素的影響外，使這目標難以實現的最大因素是團體對此一目標的敵意。這種敵意的性質很好理解，就是對所有科學方法的敵意，那麼，對任何看似能達成這種理想的活動都抱持敵意。有人抱怨，我的評論太理論；有人抱怨，他們僅僅被智識化；有人抱怨，我的態度缺乏溫暖；有人抱怨，我太抽

象。對團體進行一段時間的的研究後得知，儘管沒有必要懷疑團體中個人努力工作的能力，但該團體作為一個團體，卻完全違反他們工作的目的，而的確當他們準備對工作做出一些回應時好像就會牴觸一些重要的原則。我不會在這一點上詳細說明，但如果讀者回過頭看我先前對團體行為的描述，將可以在描述中認識到我所描述的一些特徵（特別是原文第 39 頁和原文第 51-52 頁）。我現在提議，我們來假設團體中的權力不是來自科學而是來自魔法，那麼依賴團體中行為的所有面向都可以串連得起來。團體的帶領者的特徵之一，他必須是一名魔術師，或者要像是一名魔術師。而依賴團體中的沉默或者表達拒絕向帶領者提供科學調查所需材料的決心，以阻止那看似會破壞由魔術師手中的照護產生的安全幻覺的發展。依賴團體中的沉默也許表達了對帶領者作為魔術師的崇拜忠誠。一種解釋往往會伴隨著一種沉默，這種沉默更多地是對敬畏的頌揚，而不是為思考而停頓。

85

當團體發展到這個階段時，精神科醫師可能認為他正在處理「阻抗」的一般意義，但我認為如果換個想法也許更有收穫，那就是團體感受到其社群的宗教信仰正受到充滿敵意的攻擊。實際上，在這個階段經常引用宗教是很正常的。有時候，個人會認為自己是調查員，有時候會認為自己是被調查的人。如果他認為自己是調查員，那麼可以注意到他自設一種假裝出來的自信氛圍，表明他正在調查過去的或世界著名宗教的有趣遺產，例如佛教或基督教。假裝這樣的氛圍是為了避免意識到他正在調查一個情緒活躍的「宗教」，他的狂熱信徒圍繞著他並等著要襲擊他。如果精神科醫師有力地朝著他的調查前進，他應該可以強烈感受到這個團體的敵意，以及他面對的活躍現象的張牙舞爪的情緒。他還一定會意識到，他不僅應該思考膜拜的教條，而且應該思考所有相關現象，例如它對信徒生活的要求。你可以在團體本身見識到例如這樣的現象：遏止獨立思考，追殺異端，窩裡反，試圖訴諸理性來合理化所強加的限制等。然而，在個人報告中也可以清楚地看到他們日常生活中其他的表現形式。對於團體「宗教」的「信徒」而言，無論是反抗或其他形式，他們在日常生活中都一直維持著「信徒」的狀態，並且有可能表明他們的某些日常衝突來自於他們試圖調和日常思維的要求以及身為「宗教」團體成員的要求。這種團體觀點的含義是巨大的，我越是看到依賴團體的這一面，我就越相信病人能夠穩定地提供材料做為支持他依賴團體成員身分的觀點。就如同一個「宗教」的教派，不管是分散各地，或是在他們作為一個團體相遇的短暫時間內，都能夠對他們的精神生活產生廣泛的影響。

86

我現在要談另一個問題。

對從經驗中學習的憎恨

如果一個團體必須不斷努力以保持其複雜的結構，想必有一個拉力在將它往反方向拉向三個基本結構的其中一個，而從這個角度來看團體是非常重要的。在這麼做之前，我必須先簡短地提到運用持續改變觀點技巧的需求。精神科醫師應該盡其所能看到每一種情況的正反兩面。他必須運用某種心理學的轉換，在此可以用大家所熟知的圖作為類比來加以說明。

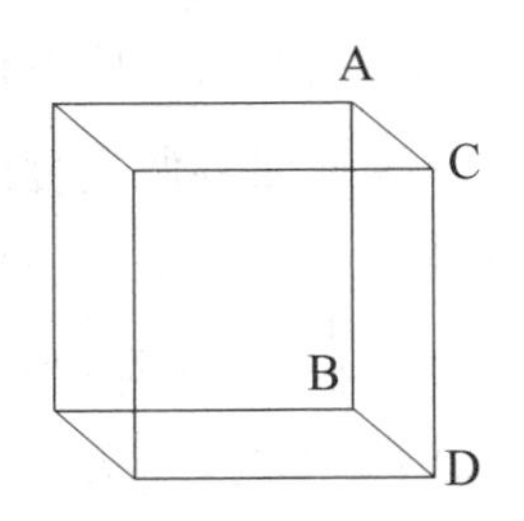

這個盒子大家可以將 AB 角看做離自己最近，或是 CD 角最近都可以。大家觀察到的線條總數保持不變，但是卻多了不同的視角。同樣的，在一個團體中，發生事情的總數相同，但不同的觀點可能會帶出完全不同的現象。在描述所看到的內容之前，精神科醫師不能總是等待團體內的變化。有很多時候他需要指出，他剛剛描述的內容在過去的情境下也曾出現過，但換個說法可以較容易觀察。例如，有個病人抱怨對「昏倒」感到非常焦慮，有時他會用「變得無意識」來描述相同的現象。在最近的團體裡，這位病人有些自誇地說，當團體中發生了他不喜歡的事情時，他就對它們視而不見。醫師可以對他指出，他描述的其實是完全相同的情況，只是這次是以有自信的心態來描述他的焦慮，而另外一次則以「昏倒」來描述。他對團體事件的態度隨著團體基本假設的改變而改變。 87

無論是正或反面的類比，或是視角轉換的類比，都是在說精神科醫師應該採用的技巧。為了使我的意思更加清楚，我將使用數學二元論的原則來類比。藉由這樣的類比，證明點、線、面在空間上的雙重關係。精神科醫師應該不時地思考他觀察到任何情緒狀況的「雙重性」。他還應該思考他剛剛描述的「雙重性」是否已經在前一次的療程中被經驗到和被描述過。 88

現在讓我們將這一點應用於對該團體的觀察：在團體聚集

後，每個人在等待團體開始前會有一段空檔，那時有人詢問團體何時開始是很正常的。現在從某個角度來看，最簡單的回答就是：團體在 10 點 30 分開始，或者任何被指定給這個團體的時間。但換成另一個角度，我承認轉換的幅度有點大，我正在觀察團體「不開始」的現象；我關注的問題持續發展下去，但他們並不「開始」。我在團體中所做的，是不回答這個問題。不過可以這樣看，如果團體願意賦予我所建議行使的不同種類的領導方式，那就會假設知道團體何時開始或結束是我的責任。沒有理由不給予大家期待的答覆，只要能意識到這事很重要且對角色變化有巨大影響，雖然這點目前仍未明顯顯露出來。

如果在一個團體中，就算我成功指出維持其複雜結構的困難，我仍必須成功展現它的「雙重性」。接下來是「雙重性」的描述，儘管剛開始看起來，可能很難了解到它與嘗試維持複雜結構的關聯性。

在每個團體中早晚都會發現，患者常抱怨：治療時間長、總是忘記上一次團體發生的事情、似乎沒有學到任何東西，看不到與他們相關的詮釋，也看不見我嘗試聚焦的情緒經驗與他們的關係。正如在精神分析中一樣，他們也表明他們不太相信自己從經驗中學習的能力——「我們從歷史中學到的是，我們不從歷史中學習」。

89

現在，所有這些以及相似的情況，都歸結為對發展過程的憎恨。即使對時間的怨言看起來很合理，不該算是抱怨，但也仍是對發展過程中的基本要素的抱怨。憎恨不得不從經驗中來學習，病患也不相信這種學習的價值。在團體中這小小的經驗可以很快顯示出這不單純是一種負面的態度，發展過程會被病患與其他性質不明的狀態相提並論。所謂其他狀態的想法通常表現在日常生活中，也許最好的例子就是男孩子對某種英雄的崇拜，這種英雄完全不必努力奮鬥就可以成為人中之龍。

變得越來越明顯的是，團體中有另一種渴望過程的方式，彷彿一個成人能夠以成年人的本能在未經訓練或開發的情況下，就知道如何生活、移動，以及如何在團體中存在。

只有一種類型的團體和一種人接近這樣的夢想，那就是基本團體——由三個基本假設所主導（依賴、配對、戰或逃主導的團體）——以及可以在群體中將個人認同屏除的個人。

我完全不認為這個想法是符合實際的，當然整個團體治療的經驗顯示，無論我們前人的情況如何，團體及其中的個人都絕望地致力於完成一個發展過程。

我的團體經驗確實指出，人們絕望地致力於兩種狀態。在任何團體中，都可以看到有人全心全意地認同基本假設或是複雜的觀點。假如他全心全意地認同基本假設，認同這群體原本的樣子，他會感受到被他認為是團體，特別是詮釋的枯燥理智主義所壓迫。假如他盡可能地認同單純理智的觀點，他就會發現自己被內在客體所壓迫，我猜這些客體是一種他察覺所屬團體中情緒流動徵兆的形式；當然，這種解釋有助於闡明個人受到團體壓迫的內外在感覺。

90

在團體中，病患覺得他必須嘗試合作。他發現在基本團體中情感上的合作是最活躍的，並且在追求用基本團體技巧難以達成的目標時，他的合作能力便有賴某種「給」和「取」，這是很高難度的，可以與對團體所默許的情緒做快速回應的能力相提並論。

在團體中，只要個人處於相對孤立的狀態下夠久，就會意識到某些潛在的能力。因此，團體不僅僅是個人的總和，因為團體中的個人不僅僅是單獨的個人。團體中的個人意識到由團體成員身分所引發的額外潛力，其中很大一部分是為了基本團體的功能而調整的，也就是說，團體聚在一起以運作基本假設。

91 團體治療的問題之一在於，團體經常透過完全融入來達到活力，或者透過完全否認團體來達到個人獨立感，而個人心智生命的這個被團體不斷激發和活化的部分是他身為團體動物一種非如此不可的承襲。

正是這種團體成員身分的特徵，讓人覺得永遠無法掌握他從頭到尾都非常投入的事情的發展。有一種存在於基本團體中的思考根基，但卻不在個人內。也有人想要感受自己是命運主宰的個人欲望，而專注於那些能讓他感受到的最真實的自己、源於自己的內在的心智生命層面。正是這種渴望，使他更願意看到關於那種團體的現象，讓他能合理地說出團體「開始」了，而不是看到那種連「正在開始」的概念都無法接受的團體的現象。

如果個人僅僅是受對安全感的渴望所驅使，那麼依賴性的團體就足夠了，但個人的需要並不僅於此，因此需要其他種類的團體。如果這個人願意承受發展過程中所帶來的痛苦，及對學習的付出，那他也許能從依賴性的團體中長大、離開。但即使有對依賴團體的不滿的衝動，卻希望不必經驗任何成長痛苦便能擁有團體生活的一切，那這個人就可能會被拉往「配對」或「戰或逃」的團體結構。

註釋

1. 原註：有人說，我的技術是基於在戰時選擇訓練為英國軍隊軍官的候選人所使用的無領導團體技術。但事實並非如此；我在 1940 年寫的一份備忘錄是由約翰・里克曼博士在汪克里夫急救醫院（Wharncliffe Emergency Hospital）進行的一項實驗的刺激，後來被稱為「汪克里夫實驗」。他在那裡獲得的經驗被他和我用在北場軍事醫院（Northfield Military Hospital）進行進一步實驗的起點。而這個實驗取得的名聲或惡名，使得「北場實驗」（Northfield Experiment）這個名稱流行起來。這個名稱被用於符合英國軍隊正義著名的嚴謹的紀律和愛國主義傳統的活動之後，更獲得尊重。

第五章

符合基本假設的情緒狀態並不完全令人感到自在。就像做精神分析的分析師一樣，團體治療也是如此。在我的團體技巧中，個人在團體的支持下試著區隔團體的好與壞。個人可能覺得這個團體好，或者覺得這個團體壞，他們不會輕易地承認所謂「感覺較好」這種令人自在的情緒狀態是來自於他所抱怨的這個團體，也不會輕易承認所謂「感覺較差」的這種令人不快的情緒經驗與他當下所相信的好團體之間的緊密相關性。會出現這種行為，除了有在精神分析常見的原因外，還因為團體中的個人也有直接源自與基本假設相關的情緒狀態特性，我現在就來討論這些特性。我會想了解這情況是因為，與任何基本假設相關的情緒，似乎都會被個人完整地經驗到。我原先對以基本假設運作的團體的描述，並沒有完全反映出某些相關的團體行為特徵。或許大家會想說團體創造了一個共同的假設，其他所有的，包括與它相關的情緒狀態，都源自於此假設。但這並沒有反映出我的想法，相反地，我認為是情緒狀態先存在，而基本假設是從情緒狀態中推論而出的。就團體而言，基本假設本質上是一種默認的假設。也就是說，團體中個人的行為就好像他們有察覺到這個假設一樣，且正是基於這個原因，對基本假設的詮釋才有說服力。這是一個對團體整體行為賦予意義的

93

94

陳述，然而，即使是這假設運作時，也沒有被公開的表達。因此，會發生這樣的一個情況：個人在行動時，從個人層面來看，他們彷彿有意識到基本假設，但從團體成員層面來看，卻沒有意識到。所以這應該是這樣：團體沒有意識、也不表達，而是藉由個人來成就這兩者。

要說與三個基本假設團體相關的情緒狀態中都存在著一種安全感是可能的。然而很顯然的，在依賴團體中所經歷到的安全感，實際上是與構成依賴性團體基本假設的其他感受和想法牢牢結合在一起的。因此，它與戰或逃團體或是配對團體中的安全感不同，後者同樣與其各自團體特有的感受和想法緊密結合。因此，來自依賴性團體的安全感與缺乏自信和挫折的感覺密不可分，並且有賴於團體某個成員的全能全知。由於精神科醫師通常不能被團體操弄來落實團體對他全能全知的信念，個人也會表現出他們的安全感被團體對個人全知要求下的壓力所限制。同樣，在戰或逃團體中，安全感則受到團體對勇氣和自我犧牲的要求所減弱；簡單地說，重要的不是任何特定的感覺，例如安全感，而是這種感覺出現時的組合。許多感覺其實是人們所企盼的但並不令人不愉快，常常只能在不是那麼想要甚至是非常不喜歡的感情組合中才能被經歷，因此個人不得不採取分裂的方式，將自己與團體，以及和他自己必要的「群體性」——他身為群體動物所不可分割的特性——分開。我們經常聽到個人在團體中抱怨不能思考。他試著保有身為團體成員的安全感，但也會努力剔除與這種企盼的安全感相結合的不愉快感受；他會將這些歸咎於他獲得安全感來源以外的原因，例如不太重要的團體成員身份，或一些短暫的外在事件或精神官

95

能症。因此，必須花一些時間來闡明導致情緒強化的基本假設，然後證明患者經常在討論中引入視為症狀的情緒體驗，實際上是從他們與其他情緒強化的團體成員成為一體，以及他們與自己和與團體之間的衝突而來。我希望提出的一點是，參與基本假設不僅是不可避免的，而且涉及到情感共享，就心理研究可以顯示這些情感這一點來說，每個情感是各自獨立且分離的，但實際上只是表面上如此，而且只發生在當他們以心理現象表現出來的歷史上的某刻。對心理學家而言，結果是當一個基本假設被執行時，沒有任何觀察結果可以解釋為什麼與它相關的感受總是以韌性和排他性連結在一起，不多不少，讓人聯想到化學組合。 96

當然，結果並不會總是這樣，但可以想像的是，目前無法辨識的團體現象，將來在團體技巧更加發展時可能可以察覺到。此時，我想強調的是，就我一直以來所說的，個人的痛苦是發生於基本假設的行動化，也就是說，痛苦是由他與團體情緒狀態的衝突以及他與那個正參與著維護這團體的團體任務的部分自己的衝突而產生的。

與每個基本假設相關的情緒狀態會排除其他兩個基本假設特有的情緒狀態，但它並不排除複雜團體的情緒。到目前為止，我幾乎沒有提到所謂的複雜團體（sophisticated group），只提到團體中的衝突發生在個人與基本假設團體之間，以及個人與他自己作為團體維護者及參與者之間。然而，有一種衝突存在於透過複雜層級的人際合作而形成的複雜團體與基本假設團體之間；就此觀點而言，複雜團體和基本假設團體間的關係不同於與三個基本假設有關的情緒狀態之間的關係。基本假設之間沒有直接的衝突，只是會從一個狀態變為另一個狀態，這要嘛是平穩地過渡，要嘛是經過複雜團體的介入。他們不衝突，而是交替；衝突只發生在基本假設團體和複雜團體的交會處。

即使如此，基本假設團體間雖是交替而不是相互衝突，但 97 複雜團體的介入，透過干擾基本假設團體的交替，似乎產生了一些衝突的表現及效果。特別的是，不是正在影響團體心智生活的基本假設相關的情緒結合體是潛伏的，有時可能持續相當長的時間。因此，當一個團體充滿了依賴性團體的情緒時，戰或逃團體和配對團體的情緒則處於擱置狀態。當依賴團體的情緒顯著，其他兩種團體的情緒就不顯著。在這方面，充滿著從一種基本假設而來的情緒的複雜團體和另外兩個基本假設之間有衝突。在這種情況下，有必要認知到，如果我自己所做的詮釋被接受了，它們本身就是複雜團體的詮釋。這馬上引起一些疑問，詮釋所代表的介入形式與其他複雜團體的介入之間有什麼區別？如果複雜團體的介入似乎在一個基本假設與其他基本假設之間造成一些衝突的效果及表現，那麼詮釋是否也會造成衝突？如果詮釋並不產生衝突，那它會做什麼？就目前而言，我建議忽略這些問題，而去思考，沒有被行動化的基本假設所代表的潛在情緒狀態的命運，以及它們與複雜團體的關係。

複雜團體的介入很多樣，但它們有個共同點：它們表達了對發展需求的認知，而不是靠著魔術的效果；他們的目的是應付基本假設，並試圖動員一個基本假設的情緒來應付另一個基本假設的情緒和現象。 98 這就是我之前提到的造成基本假設之間衝突的表象。這個複雜團體操作下的結果之一是，一個團體變得越複雜，並且越能夠維持這個複雜層級的行為，就越能用一個相關的情緒模式來抑制另一個。因此，與依賴團體相關的情緒模式可以用來使戰或逃以及配對團體相關的情緒模式變得更有難度或不可行。

工作團體

在我帶過的一些團體，我所謂的「複雜團體」後來被自發性地稱為「工作團體」（work group）。這個名字很短，並表達了我想描述現象的重點，所以將來我會用它來代替「複雜團體」。團體聚集是為了特定的任務，而在今天大多數的人類活動中，合作都必須靠著複雜的方式來完成。正如我之前指出的那樣，程序規則受到採用，通常有一個由團體其他成員認可的主事者操作的既定行政機制等等。這種層次的合作效能很好，任何人在團體中都經驗過。但這種合作效能在基本假設層面上是不同的。根據我的經驗，工作團體的心理結構非常強大，值得注意的是，它的存在具有活力，顯示對工作團體將被相對應的基本假設的情緒狀態所淹沒的恐懼，是完全不成比例的。我早些時候指出，這個團體從第一次努力掙扎以維持一個複雜的結構，以及所投入的心力，代表了與基本假設相關的情緒強度。我仍然認為這是事實，但也認為對工作團體結構的恐懼，是工作團體對必須要競爭的力量的無知。治療性團體的注意力應該不斷的聚焦於對基本假設團體的恐懼，而且被提醒，恐懼的對象很大程度上取決於團體中最主要的心理狀

99

態。因此，如果依賴團體是最明顯的——明顯到此團體似乎認同了依賴團體——那麼恐懼的就是工作團體。正如基本假設團體中牽連在一起的情緒一樣，工作團體的心智現象似乎也是牽連在一起的。某些概念在工作團體中扮演著重要角色：不僅「發展」（而非「本能的全套設備」）這個概念是不可缺的，而且也包括了以理性或科學取向價值來面對問題的概念。因此，作為「發展」概念不可避免的附帶物，是接受藉由經驗來學習的有效性。但是，如果這個團體認同依賴性的基本假設，那麼所有這些概念都是令人恐懼的，當然不僅僅是概念，還包括團體中的活動。依賴團體很快就顯示出它組成結構中一個不可或缺的部分是對某個團體成員全知全能的信念。任何對這種信念本質的研究會讓人聯想起宗教與科學的爭議。事實上，正如我之前所說的那樣，對這一點的研究是對該團體的信仰進行一種科學性的調查。似乎涉及研究團體的神祇（通常是精神科醫師）的工作團體活動會遭逢各式各樣的反應，但是，如果將整個反應視為一個整體，人們可以想像吉朋（Gibbon）對三位一體論的爭論的描述實際上是對一個依賴性基本假設在運作的一場治療團體的報導。也許正是如此。事實上，對任何渴望在團體中嘗試我的方法的精神科醫師來說，有幫助的可能是，記住，歷史上很少有比宗教信仰興盛時期中至高神祇特徵的爭論更激發一個團體的感受。我也許應該補充一點，我所說的興盛既是負面的，也可以是正面的，也就是說，這個團體可以是無神論的，也可以是有神論的。精神科醫師應該堅定地把注意力帶到團體對他的主張的現實性，無論他們的解釋讓他們的主張看起來有多麼神奇，然後把注意力帶到

100

被他的說明所引發的敵意的現實。在像這樣的時刻，人們可以看到與基本假設相關的情緒強度以及工作團體可以動員的活力和生命力。就好像人類意識到，在沒有充分理解現實的情況下採取行動所帶來痛苦且常常致命的結果，因此意識到需要對以真實性來做為評估發現的標準。

現在我們必須思考，這個結合一個基本假設以抑制另外兩個基本假設的外顯活動的工作團體，其所扮演的角色的一些層面。這兩個未運作的基本假設的命運是如何呢？我建議將這個問題與我之前未回答的問題聯繫起來，它涉及與所有基本假設相關情緒組合的性質和起源。我當時說過，目前還沒有觀察能提供給精神科醫師來解釋為什麼與一個基本假設相關的情緒是以這種韌性和排他性相互結合。為了解釋這種聯繫，同時解釋未運作的基本假設的命運，我假設「原始心智」（proto-mental）現象的存在。若不提出超越經驗的概念，我無法充分表達我的觀點。臨床上，我採用心理學的方法，因此只有當它們以心理形式出現時才會注意到這些現象。儘管如此，比較便捷地來想，情緒狀態出現在基本假設之前，跟隨在某些原始心智的現象之後作為表達。即使這個陳述令人反感，因為它建立了一個比我希望支持的更為僵化的因果關係順序，因為臨床上把這些事件看作是一個環狀系列的連結是有用的；有時候便捷地去想，基本假設是由有意識表達的思想所活化的，而在其他時候則是受到強烈激動的情緒，即原始心智活動的結果所激發。如果可以讓我們看清事情怎麼發生，在我們選的這個系列的某個地方開始就沒有傷害。那麼，從原始心智事件的層面開始，我們可以說，這個團體一直發展到它的情緒在心理狀態

101

上可以表現出來。就在這個時間點上，我認為這個團體表現得「彷彿」它是依循一個基本假設來行動。

在原始心智系統中，存在著三種基本假設的原型，每種都是作為團體中個人成員身分的功能而存在，每種都存在於整體之中，沒有任何部分可以與其餘部分分開。只有在不同的層面上，在事件以心理現象出現的層面，每種基本假設組成的分化才有可能，並且在這個層面上，我們才能談論恐懼、安全、或憂鬱或性，或其他類似東西的感受。

我想像的原始心智系統在生理和心理或心智上都是未分化的。這是一種基質，從這基質中起初出現的現象——從心理層面上和心理學研究上來說——僅僅是與其他感覺鬆散連結的個別感覺。正是從這個基質中流出、基本假設特有的情緒流動加強、擴散，有時還會支配這個團體的心智生活。因為它是在生理和心理未分化的層面上，那麼就有理由認為，當來自這個源頭的痛苦表現出來時，它可以以生理形式和心理形式表現。未運作的基本假設被限制在原始心智系統內；也就是說，如果複雜團體中充斥著依賴性的基本假設相關情緒，那麼戰或逃和配對的基本假設就被限制在原始心智階段之內。它們成了複雜團體和運作中基本假設之間共謀下的的犧牲者。只有依賴團體的原始心智階段能自由發展為分化的狀態，在這種狀態下精神科醫師可以將其運作視為基本假設。

正是這些原始心智層面提供了團體疾病的基質。這些疾病在個人中表現出來，但它們的特徵表明，是團體而不是個人患病，同樣的，只是意義相反，這樣的情況就像在戰或逃團體中經常出現的一樣，是團體而不是個人在被保護著。簡而言

102

之，所有這一切意味著，在任何既定的團體中，某個顯現的疾病基質都必須在兩個地方找到——一個是個人與基本假設團體及與他自己作為團體維護的參與者的關係中；另一個則是在另外兩個基本假設的原始心智階段。

為了進一步說明，我將用生理醫學進行類比，請記住我只是將其用作類比，可能會使我的意思更加清楚。我們假設一個有焦慮症狀的患者，在檢查過程中，除了各種心理困擾之外，患者手部也出現細微的震顫。進一步的檢查顯示有甲狀腺毒症跡象，嚴重到決定使用生理方法作為治療方式。用一般的說法，這種疾病可以說有一個生理的起源。我會寧願說這種疾病的基質存在於原始心智事件的範圍內，如果這個病人在用一般目前的標準無法透過生理醫學或精神病學的技術找到任何疾病跡象的階段來診斷，那這個病人就提供一個我所謂，在原始心智事件階段，生理和心理尚未分化，而且在某些情況下，團體的疾病的生理和心理成分都可在此找到根源的絕佳例子。在表達我的觀點時，這個類比會出問題的地方是把原始心智事件的範圍侷限在個體內；在我看來，原始心智事件的範圍不能以單獨參考個人來理解，而原始心智事件動力的可理解研究領域是在團體中聚集的個人。個人的原始心智階段只是原始心智系統的一部分，因為原始心智現象是團體的一個功能，因此必須在團體中進行研究。 103

為了推進原始心智系統的概念，我要開始說明一個基本假設中所有情緒似乎緊密不分的穩定性，同時提供一個概念來說明未運作的基本假設的去向，這些未運作的基本假設顯然可被團體感受得到它們潛在的活性，因此必須被認為是還存在於 104

「某處」。但是我經常發現，在這種假設之後，如果我嘗試將新理論用於非原始想定的目的來看看會發生什麼時，是會有用的。為此，我發現放縱地推測與任一其他的試驗場所一樣有用，我希望通過這一點，我可以更容易決定是否將原始心智系統的觀點視為能統括我的觀察結果的理論，或是可促使進一步研究的假說，或是臨床上可觀察到的事實。

我的第一個推測必須關注是什麼構成可理解的研究領域。只要我的技術沒有比現在更進一步發展，小型治療性團體就不能這樣做，但即使它進一步發展，或者我提高我的觀察能力，在其他領域尋求解決方案是否更不明智仍然會是個疑問。在佛洛伊德之前，嘗試推動精神官能症的研究大部分是徒勞無功的，因為個人被認為是一個可理解的研究領域，但是當佛洛伊德開始尋求兩人關係的解決方案——移情研究時，他發現精神官能症病患帶出的一些問題是可理解的研究領域，而在當時無法解決的問題開始有了意義。隨後展開的研究就越來越深入，越來越廣闊。小型治療性團體是用來看是否可以通過改變研究領域取得進一步結果的嘗試。有時需要考慮團體本身的
105
使用就是對研究領域上的操作，但是現在我想考慮的是，再次改變領域以便看看這樣做是否可能為小型治療性團體提供新的線索。小型治療性團體產生的有關身體疾病的證據對我的目的而言不夠快速，也不會產生足夠的證據。因此，我希望我的推測能奠基於一個夠大的、有疾病統計學證據的團體（Toynbee, 1935, pp. 12, 17）。我想有關於結核病、性病、糖尿病等疾病的證據，特別是關於病例數、病毒性和分佈變化的方面，這些都不容易用解剖學、生理學和通常是公共衛生學方面的研究來

解釋。此外，在重要時刻有有效的統計數據是必要的。

接下來，我建議用字母 ba（basic assumption）來表示基本假設及其相關的情緒狀態。依賴的基本假設為 baD（basic assumption of dependence），baP（basic assumption of pairing）為配對以及 baF（basic assumption of flight-fight）為戰或逃。對於原始心智系統，我建議使用字母 pm（proto-mental）；因此 pmDP（proto-mental +dependence and pairing）表示，其中依賴和配對的基本假設不再被認為是精神病理現象，而是被限制在某種潛在的階段，在目前不清晰的，就是在生理和心理未分化的原始心智系統中。pmPF（proto-mental +pairing and flight-fight）或 pmDF（proto-mental +dependence and flight-fight）也類似。對於複雜或工作團體，我將使用 W（work group）。

一、假設疾病 X 是源自被 baF 所壓抑的依賴和配對團體的原始心智階段。在我的理論中，疾病 X 將與 D 和 P 團體相連結，因此，當它變得明顯時，將與 baP 和 baD 的情緒有了心理上的聯繫。此外，它會有基質，在這個例子會是 pmD 和 pmP。它也會有一個位於 baF 中的心理成因。這並不意味著我認為所有疾病都有和其他成因同等重要的心理成因，但我確實認為，為了完整起見，疾病應該不僅以一般醫學的事實分類，也須如此分類（一）它的基質，也就是說，在我給的例子中，pmD 和 pmP，（二）其心理關聯，在我想像的情況下，baD 和 baP，以及（三）其心理成因，在這個例子中，是 baF。 106

同樣地，我想補充一點，除了從解剖學和生理學研究中已知的關聯性，我們需要知道一個身體疾病與其他身體疾病的關聯，我們必須藉由思考其他身體疾病可以怎麼分類，找出其他相關的身體疾病，例如：

基質	pmD 和 pmP
關聯	baD 和 baP
成因	baF

這應該可以提供我們一種身體疾病與另一種身體疾病的關聯，這些關聯不是解剖學的，生理學的和細菌學上的，也還不是精神病理學上的，而是個人的團體成員身份的作用。

二、由於我的命題取決於一個論點，就是存在一個生理和心理尚未分化的階段，據此，當疾病以生理的形式表現出來時，比如說，結核病，那也有一個心理性的對應物，其確切的性質尚需要調查，但我們在本討論中可以假定它是 baD。這個對應物不能是因或果，因為，如果它是其中一個，就必須來自完全不同系列的原始心智事件，或者來自正在運作的基本假設。在我的定義中，與結核病相關的心智事件不能是因或果；它們是與引起結核病本身的同一原始心智現象的衍生物和產物。眾所周知，結核病對團體心理的發展非常敏感，數字的波動似乎反應著團體心智的變化。這種疾病需要長期的護理照顧，並且其飲食也讓人想起人類最早的美食經驗。它應該與 baD 的許多特徵相關聯，個人對於他們的疾病及疾病加諸在他們身上的

107

限制所作出的反應與有相似個性的個人對 baD 的反應相同。這些事實的存在，在結核病被證實之前，經常導致把患者當成是詐病（Wittkower, 1949），或者用我的術語來講，baD 是患者疾病的目的論的成因，但由於先前我所描述的理由，我不能認為 baD 是任何一種成因，而是與結核病相關的心智狀態，因此既不是成因也不是結果。為了找到疾病的成因，當然，我所指的成因要從我正在闡述的系統的一部分來理解，而不是我們所熟悉醫學上那眾所周知已確立的成因，有必要在有來自不同時間的數據下，找出疾病發生率的變化與該團體中相對應的 ba 的相關。讓我們假設最高數字總是與 baF 相對應。那除了先前已確立的特徵外，我們應該將結核病歸類為，

108

成因	baF
關聯	baD
基質	pmDP

任何嘗試進行這種分類，在最好的情況下是根據看法，而在最糟糕的情況下是根據任意的猜測；但我認為需要做出嘗試：科學的嘗試，必須因應研究不成熟的狀態而作調整，而這點特別適用於對 ba 在任何時間點的評估。

到目前為止，我一直在主張的是，原始心智系統的概念，以及基本假設的理論，也許可以被用來提供一個對生理疾病的新觀點，特別是那些被稱為身心症或被認為是心理社會醫學和社會動力學範疇的疾病（Halliday, 1948, pp.142 等）。但是，我們如果可以擴大生理疾病的研究領域，去涵蓋基本

109 假設、原始心智系統和其他的研究，以便更全面地了解生理疾病，我們同樣可以使用同樣擴大的領域反過來進行這個過程。必須記住的是，如果就心理疾病而言，該系統被假定為原始心智的，同樣的，如果從生理疾病的角度來看，它會被假定為原始生理的。然而，透過生理性的檢查，可能更容易找到一種技術來研究原始心智系統作為生理疾病的基質。如果透過生理方法，我們也可以研究原始心智系統的生理層面，我們可以找到一種方法來對任何特定時間內的團體原始心智系統的內容進行抽樣，並從中進行下一步，包括精緻化觀察心智事件中的原始心智對應物的技巧。任何這種性質的發展都可以估算出一個團體的心理狀態可能會變成什麼樣，因為我們可以在它作為一個基本假設出現之前就開始進行調查。這對我來說很重要，因為病患團體與其他團體的顯著差異是，病患團體傾向在根本上依據基本假設來行動。

感謝英國國家健康服務中心，患者對該中心有效地處理了他們彼此間以及與醫生間因財務因素所產生的所有問題很有感。即便如此，當財務問題被提起時，通常將之視為個人對家庭事務的關注，但是仍然可以被詮釋為間接地表達團體及個人心智生活方面的素材。因此，我建議在金錢範疇持續我對原始心智系統的推測，看看我是否可以在生理疾病的範圍內以我已經使用過的方式，也來平行使用這個概念。

有人說，幾乎任何一般可以接受的東西都可以用來當作交換的媒介（Clay, 1916, p.164）。它不僅是交換的媒介，也是價值的標準。最近關於原始貨幣的研究顯示，它不是出於以物易物的發展，也還不是貿易的一部分。相反地，貿易在尋找一般可接受且具有既定價值的媒介時所採用的貨幣，起初是一種為了方便支付贖罪賠償金和聘金的發明。說聘金或是贖罪賠償金使得貨幣存在是有點過頭了，但它們絕對建立了某種價值標準，並規範了某些交換媒介（Hingston Quiggin, 1949, pp.7）。討論這個問題的愛因奇格（Paul Einzig）說，會被選擇作為貨幣的東西通常是被渴望的消費品或裝飾品，但又補充說，這高度的可接受性可能是非商業因素造成的，例如可用於宗教祭品、政治支付（罰款、貢品、補償金）或聘金（Einzig, pp.353）。 110

贖罪賠償金和聘金都可以視為團體失去一個成員的補償，並且從這個角度來看，如同在 baF 一樣，它們反映了團體對個人的優勢。同樣地，贖罪賠償金可以被視為團體對個人價值的表達，因此它可以在某些時候被解釋為 baF 的面向，而在其他時候則被解釋為 baD；類似地，聘金可以被視為 baP 的表達。然而，我現在並不在意將任何一個制度歸因於特定的 ba，因為那是臨床觀察的任務，而是建議，正如在討論生理疾病時，可以使用我的理論在生理疾病已知的面向上增加知識以及理解疾病，因此也可以使用我的理論，將疾病中的交換機制添加到已知的經濟學上。因為，如果金錢價值的來源不僅存在於作為金錢的物件本身的價值以及愛因奇格所討論的其他來源，也存在於 ba 中，那麼我們應該期望 baF 的心理價值可能與 baP 或 baD 等不同。此外，我們可能預期任何貨幣的價值可能會因金錢獲得心理價值的來源——基本假設的波動而產生波動。如果我們能夠在臨床上從 baF，baD 和 baP 中確定金錢價值的性質，便可能追蹤金錢價值波動的原因之一的來源。 111

現在，在大團體中研究金錢的一個好處是，它適用於統計方法；由於欠缺敏感性，獲得的統計數據是否比對疾病的統計數據更為開放，這也仍然存疑，但是必須有一個開始，並且由具有統計訓練背景和能力的人開始。但是，如果發現疾病統計模式與團體金錢價值改變的統計數據之間存在一定的相關性，那麼在金錢價值波動和 ba 變化之間建立某種相關性的真實價值就會出現。顯然，任何企圖去孤立基於金錢價值心理來源（也就是說，在贖罪賠償金和聘金上金錢從其他來源獲取價值的來源）的價值改變所造成的價值波動是很有野心的，除非，如我所懷疑，貨幣的價值遠比大家想像中的更依賴心理基礎，尤其是具主導權的基本假設和原始心智系統（pm）。如果證明存在這樣的相關性，那麼人們可能會合理地感受到基本假設已被證明是臨床上實際存在的，而這也讓我們對原始心智系統本質的觀點作出一些澄清。

在討論 ba 中情緒的連結時，我建議有必要將任何感覺（例如焦慮）視為根據其所屬的 ba 而有所不同：同樣地我們必須考慮金錢的價值，比方說，baD 與 baF 中的金錢價值不同，我的意思是它的價值在質量和數量上都不同。如果我們考慮一個 W 足夠強大，可允許 baD 完全運作的一個宗教團體對金錢的態度，及對金錢設定的價值，並將此價值與在 baF 完全運作正在戰爭的國家中對金錢設定的價值進行比較，可以看出我的意思。在後者，金錢的價值與其在戰爭中彈藥的可兌換性有關，在前者則與抵消超出合理時間限制的依賴的內疚感，以及與面對依賴超越人類的父母而努力獲取美德的感受有關。在 baP 中，它則似乎與「透過聘金或嫁妝」促使獲得配偶的能力

112

有關。

我的推測似乎表明，基本假設和原始心智系統的概念有望促進其他領域的探究。但是在去執行這個未來研究已被確立的假設前，不如先用事實來檢查我們的推測。明顯的困難之處是，說明一個大團體中有哪些基本假設是運作的，例如，我們是否可以說一個戰爭中的國家的 ba 是 baF？如果是這樣的話，這真的適用於這個國家的所有部分，例如農業社區嗎？如果我們假設一個處於戰爭狀態的國家作為 baF 的例子，那我們能否假設該國家為與該基本假設相關的現象提供了一個可理解的研究領域？我們該在哪裡尋求疾病變化的統計證據？什麼統計資料將顯示貨幣價值的波動，以及我們期望在哪裡及時發現我們預期會與基本假設相關聯的貨幣價值或疾病發生率的波動，例如在，1939 年 8 月？

雖然這似乎與小型病患團體的研究相差甚遠，但是在嘗試一個更有野心的項目，將他們作為統計研究的主題之前，嘗試將這些理論與大團體的近期歷史聯繫起來是值得的，看看它們是否經得起現實事件的實際應用考驗。 113

第六章

本章我將討論關於小型治療團體的一、兩個觀點，讓我們來思考對團體詮釋的可能變動。若精神分析師準備用我的方法來帶領團體，那他很快就會有很深的無力感，即使當詮釋的表述令人滿意而且似乎還覺得稍微達到了詮釋的目的，但想完全透過詮釋來達到精確度似乎是不可能的。 115

起初，為了消解我所認為的個人在團體中所產生的阻抗，我常常被騙取像在精神分析中給予個人詮釋。在這樣做時，我正在做患者經常做的事情——試圖進入個別治療。的確，作為一個醫師，我是嘗試透過這個方式來治療，但事實上這個行為可被視為試圖擺脫團體中的「惡劣狀態」（badness），對醫師來說，團體的「惡劣狀態」是團體做為治療工具表面上的不合適性，就如我們已經看過，也是病人的抱怨。忽略在表面上造成抱怨的團體內在本質，而選擇將這種不合適性視為醫師或病人未能以有療癒的方式使用該團體的結果，我們可以看到這個失敗，當分析師屈服於他的衝動去進行個人詮釋，是受到依賴性基本假設（baD）的影響而不是去詮 116 釋它，因為，一旦我開始對個人提供所謂的精神分析式的詮釋後，我就強化了團體中病人依賴醫師的這種假設了，這就是 baD。

現在我們可以看到在做詮釋時所產生不準確的感覺，進而意識到：團體被醫師符合這種基本假設的貢獻的部分所影響；而非受到由對團體行為的詮釋所組成的部分所影響。在努力實現精確的目標過程中，我真正感到痛苦，如同團體所有成員一樣，因為我不喜歡由人類團體成員身份所帶來的自己內在和團體中的情緒特質。這個特質是一種與團體合作的能力，但我建議從現在起將「合作」（cooperation）一詞保留給有意識或無意識地與團體中其他人一起工作，而對於基本假設中自發本能合作的能力，一如我們剛剛討論的例子，我將使用「共價鍵」（valency）[註1]一詞。

共價鍵（Valency）

我想藉由這個詞的使用來指出個人在為了形成基本假設且讓基本假設運作而與團體進行結合的意願。若他的結合能力強，我稱之為高共價鍵（high valency），若結合能力弱，則稱之為低共價鍵（low valency）；在我看來，就心理功能而言，只有當他不再是人類時，才可能沒有共價鍵。雖然我用這個詞來描述可見的心理事件或由此推斷的現象，但是我也希望用它來表示在一點也不能夠被稱為心智，而是在人類行為層面上結合的意願，這個行為層面比較像植物趨性，而不是有目的性的行為，例如隱含在像「假設」（assumption）這樣的詞中。總之，當有需要時，我希望將共價鍵用於原始心智（pm）系統中。

117

當我屈服於一時衝動來給個人做詮釋時，我在團體中的領導比較像是痛苦的表達，而不是對清晰覺察到的外在現實的闡明。我對工作團體（W）的貢獻減弱，對依賴性基本假設（baD）的貢獻增加，也因此，在我的整體貢獻之下，「病人」（patient）的成分增加了。

為了處理這個僵局，我假設團體中的每個成員都承受跟我相同的痛苦，並放棄去做精神分析式的詮釋。我只在一個面向上做詮釋：當個人的貢獻顯示出他在試圖獲取對他問題的幫助時，正把團體帶往建立依賴性基本假設（baD），或者替代地轉換成配對性基本假設（baP）或戰或逃基本假設（baF）的部分。

藉此，我既減少我在領導中的「病人」（patient）的成分，亦讓個人注意到源於團體成員身分的困境。這兩個事實都帶來了後續發展，但我暫時先忽略在團體中的實際情況，也忽略本文中所提到的我行為中「病患」成分減少的後果。

個人的困境

藉著專注在個人基於其「共價鍵」所產生的貢獻，我讓團體逃避至幼稚狀態，最後逃入沉默狀態，其逃避的速度與該團體在這類治療中所達到的複雜程度成正比。

我不會花時間描述詮釋中司空見慣的事，例如說明愧疚感的必要，這愧疚感出於認為對行為的詮釋實際上在表達不認同；必須要說明的一點是，經歷這個困境的個人感到了威脅，因此表現出對基本假設以及他們在維持這些基本假設所扮演的角色的恐懼；這些恐懼緊密地和對團體生命有不夠好的感

118

受連結，這不夠好的感受同時伴隨著對參與人類團體當下從未懷疑過的複雜性的日漸了解。我在整個團體存在的過程中說明個人的困境，只在其他團體現象表現得更為急切的時段會中斷。即使情況沒有發生改變，個人被困境一角穿刺的感受所造成的壓迫逐漸變少，而且在積極參與團體時所受到的阻礙也逐漸變小。對個人困境增加熟悉感的一個有趣的結果顯示，個人在團體中絕不可能「不做什麼」，即使他真的沒有做什麼。因此，雖然是從不同的角度檢視我們的推測，我們再一次地看到，團體中所有的成員對於團體的行為都有責任。（見原文第58頁）

在現實中事情並不像我的描述所暗示的這麼順利發展，因為，正如我所指出的，在一段數週或數月之久的時間內，團體的其他方面強行加入並要求關注，如果沒有其他原因，光為了他們是強行加入的這個原因，就最適合被拿來說明。在其他的現象之中，出現治療師的貢獻中減少了「病人」成分所造成的結果，我現在必須轉向這一點。

各位必須銘記在心的是，團體不時地宣稱我是病人，且有時暗示我從團體經驗獲益。一個促成他們表達這個信念的要素是忌妒，我顯然比別人更能夠充分利用在團體中的經驗，並且，憑著這點，更近似於亞里斯多德的「政治動物」（Aristotle's 'political animal'），從而實現有機體在適當環境中會出現的成長和發育。也許我代表的是獲得超過其公平份額照顧的患者，而這樣的信念促使該團體挑選另一名成員擔任領導者。儘管在我的經驗中，新領導者無一例外地都是徹底的精神病患。他因為讓團體可以持續進行，可以自由交談而被讚

119

美；總之，跟我相比，他因為讓團體在很多方面獲得很大的改善而被讚美。儘管這些感謝的評論總是有實質內容，我從來沒有懷疑過被團體拱出的男人或女人是一個「精神疾患患者」（case）。

我們已經來到這個狀態：團體努力維持著、安撫著、舒緩著、奉承著甚至順從著這位原先團體中最弱小的成員，而這個最弱小的成員現在是領導者。我們必須把這種發展視為 baD 的雙重性，為了進一步思考，我們必須相應地改變方向。

依賴性基本假設（baD）的雙重性

當團體中所有個人都將自己看成跟我有獨佔關係的人時，baD 會呈現單純的面向。個人間幾乎沒有明顯的接觸，一切與我解決所有個人問題並特別關注個人福利的想法相衝突的事實都被否定，不僅僅是口頭上的，而且還是藉著一種大規模的慣性，排除與 baD 情緒不相對應的事實的刺激。不想要的事實包括詮釋，無論是來自我自己還是他人的詮釋，都暗示著我在團體經驗中的優越地位本身就是一個需要被審視的問題。當這個團體再也不能忽略這些詮釋，它有時會把我當成需要用放縱於團體自我表演的方式來遷就的嬰兒，以把這些詮釋塞到 baD 系統內。這就成為我所描述的 baD 單純形式的雙重性（the dual of the ‘simple’ form of baD）的狀態，我並不餵養也不支持團體，因此換他們餵養並支持我。在這一點上，為了讓讀者明白我的假設所依據的證據上所遇到的困難，我必須做個解釋。除了需要充份掩飾真實事件以保護個人的匿名性

120

外，我必須能好好地描述能證明我的理論的事件。我顯然必須提出我的假設，因為我以特定的方式看待事件，並且沒有證據證明我看到它們的方式是準確的。那麼，描述就變得僅僅是用具體事件包覆的假說的重複。我會找到一些方法來為讀者提供更有說服力的東西，為此，我有一個建議，但不確定是否會成功，我建議從他人的手中找到描述，這些情況在我看來可以說明我的假設所聲稱的現象。我將嘗試從任何時間和任何地方舉例；第一個例子是來自於歷史學家湯恩比（Arnold Joseph Toynbee）的《歷史研究》（*A Study of History*, 1948, Vol. I, pp. 141–144），藉著參考這個段落，讀者可以形成自己的觀點，並將其與根據我的理論提出的事件作比較。簡而言之，湯恩比指出埃及被基奧普斯（Cheops〔編按：原書寫 Kephron，應為作者誤會〕）和其後繼者為了建造金字塔而耗盡國力。應用我的理論，這個情形可以被描述成一種用來舒緩團體領導者焦慮的團體運動。這焦慮的本質乍看之下沒有直接相關性，但這焦慮似乎以領導者的死亡以及否認此一事實的需求為中心。對我直接的目的而言，這有趣的事情就是團體後續的發展，即法老所接受的待遇延伸到不斷增加的團體成員，像湯恩比所說的那樣，普通人也可得到如同法老王般的待遇，品質一樣好，而且花費更便宜。這個技術的改變將法老獨家的心理治療推廣到相當平民的範圍。看起來，我們這些企圖在團體治療中找到精神分析所帶來的經濟問題的解決方案的人，實際上正在遵循一個可敬年代的傳統。即整個民族為了一個人（提供個別治療）而筋疲力盡，這就是我所說的 baD 的雙重性。在這個例子中，我們可以看到，應付 baD 的程度吸收團體的能量，要不是有

121

這個可以更直接管理 baD 的技術，這個團體的能量可能會被用來致力於團體安全的外在現實。

當我們在考慮工作團體時，特別是某些特殊形式的工作團體時，我們應該更仔細地研究這些問題；但就目前而言，我必須把這些事情先擱置一旁，來思考該團體的領導與該團體中精神最紊亂的成員在 baD 之中的密切聯繫所帶來的問題。我不想試圖解答為何團體在 baD 中自發性地選擇其最弱小的成員當他們的領導者。事實上，人們已經充分認識到這一點，偉大的宗教領袖通常被認為是瘋子或者被魔鬼附身（而明顯地在宗教團體中 baD 是活躍且重要的），確切來說，在這方興未艾的氛圍中 baD 的團體成員感受到如果他們不是被瘋子領導，那他們應該被瘋子領導。可以這麼說：正如他們拒絕接受與「自己是被自己所依賴的人或神明照顧的」這類信念相反的事實，他們也拒絕所有可能指出領導者或神明是神智正常的事實。相信傻瓜是聖潔的，與相信天才跟瘋子，都指出，當沒有結構化，團體有這個相同的傾向，選擇最病的成員來當它的領導者。也許這是一種無意識的想法，要是我們沒有習慣將嬰兒的行為與身體發育連結起來的話，我們會認為嬰兒真的是瘋了，而且在 baD 中，需要有一個依賴他人的人，也需要有一個可以被依賴的人。

122

工作團體的焦慮

當前的要點是，我會在詳細討論工作團體時再回頭來探索這點，最具有處理 baD 經驗的團體，就是宗教團體或神職人員（priesthood），在處理 baD 中領導者的問題時總像在處理炸藥一般。必須持續地且逐漸增加嘗試來確保 baD 的領導者不是一個具體的人——最常見的做法當然是讓一個神成為領導者。而且，由於種種原因，結果仍然不夠非物質，努力使他成為上帝，成為一種靈。在我看來，這個嘗試的本質，是要阻止團體做以下兩件事，一是選擇一個真正的人，二是藉由「非法」（unconstitutional）的形式來選擇，也就是說，通過自發的選擇行為，讓情緒不會被像投票選舉般的紀律所冷卻。正如我所說，神職人員是工作團體中最有經驗處理 baD 的，除極少數例外情況，他們努力避免上述兩點，而對團體要求實際具體領導人做出一些讓步。即使是例外情況，也表明神職人員在無意識中很清楚這個危險。先知撒母耳不贊成結束以色列神權政治的喧囂（譯按：參考註 1），而當他不得不屈服時，便確保領導人會被違反兩種教規的方法選中。這是一次微妙而成功的復仇，結果就能藉由選出有精神病的贏家來滿足。

123

焦慮的成因

但是，為了保護這個團體，神職人員面臨著什麼樣的危險？我主張，這不僅僅是存在於無能領導中的危險，一來精神病人的領導並不總是無能的——一點也不；但除此之外，我希望表明有更多重要的原因，為什麼神職人員應該恐懼在 baD 中自發性發展出來的領導？為了證明這一點，我必須再次回到小型治療性團體的經驗。

在尋找領導者時，該團體會盡可能尋找妄想型思覺失調症或惡性歇斯底里症的患者來當領導者，如果都不是這兩者的話，有犯罪傾向的精神變態人格將會變成領導者；如果沒有精神變態人格的人來擔任領導者，團體會選擇言語輕率的重度缺陷者。在我的經驗中，從未有一個超過五人的團體沒提供這些其中之一的好樣本。

一旦領導者被發現，這個團體給他或她一些尊重，並且偶然給予奉承（如某某先生總是讓討論這麼地順利完整！）用以鞏固其領導的地位，通常會有一些傾向來測試我是否有嫉妒的跡象，但這個階段很快就會過去。視情況而定，經常聽到的評論是，該團體「不能沒有」X 小姐或 Y 先生。這個評論也是跟我有關。雖然這看起來似乎微不足道，但這是我們之後需要相當注意的問題。

124

當個人的領導在團體成員眼中確立後，就會出現困難。不管是以色列中的掃羅王[註2]、伊索寓言中青蛙求來的鸛鳥國王[註3]，或是法老王，這些例子都在不同的程度上說明團體在面對新情勢時的面向。正如我前文所說的，該團體轉向了我。在這種情況下，當然不僅是神職人員對此情況有警覺。當一個狀態可能活化 baD，抑或已經被 baD 給活化了，就會令人擔心團體走向獨裁之路——一個不久前的例子就是，人們經常擔心福利國家被導向以暴政干預自由——在共產主義者或官僚制度等掌權之下。在這種情況下，最常見的一種呼籲是重返對神的信仰，事實上，如果小型治療團體的某些成員沒有提出這種要求，反而會令人驚訝。它表達了希望避免團體中實際成員領導層的具體實現。如果就讓團體順其發展，許多補救措施會被提出：例如反對選定的領導人、主張治療應該是所有人都能擁有的、一個人不應該壟斷團體等。實際上，所有被簡述的解決之道與歷史上所嘗試過的程序非常相似。不容易描述的是當團體正在試圖保護自己時，它在反對的是什麼。

團體中的情緒擺盪

我的結論是：團體中的情緒擺盪是來自於「治療性團體的工作團體領導者及精神科醫師為同一人」所激發的。這個團體不得不承認，自發選擇的領導者是嚴重失調的，就像我先前提到的那樣，baD 中的領導必須是「瘋狂」或者——該團體及當事人較為喜歡的描述——「天才」，同時又不得不相信他是可靠的領導者。現在，團體的情緒只能從一個觀點到另一個觀點不斷來回擺盪。在我拒絕介入的情況下，我多次測試這種情況，讓它走得很遠，甚至太遠而不安全，這個擺盪變得十分快速。而且當兩種信仰離得很遠——因為很難想像比一方面相信領導者瘋狂，另一方面相信他是你可以交託你的福利的人更大的差異——擺動的速度就快並且幅度大。結果就是，這個團體不能再包容這些情緒狀態，因此猛烈地爆發，向其他團體散播情緒，直到夠多的團體吸收掉這個反應為止。在小團體的實踐中，這意味著向外部權威投訴的衝動，如向新聞界、國會議員或醫療管理當局投書。牽扯其他團體的目的並非因為不適而報復精神科醫師，如我最初揣測的那樣——雖然可能存在，並且結果可能是傷害到精神科醫師或團體——而是要從不分享情緒狀態的團體局外人那裡引入不具活力的大量材料，以使新的且規模更大的團體停止情緒波動。團體再也不會有猛烈和不愉快

125

的情緒擺盪。

顯然地，情緒擺盪的停止，很大程度取決於其他團體或單一團體甚至是另一個團體的某部分能夠吸收情緒擺盪的速度。如果它們進入的速度太慢或者數量太少，那麼擺盪會擴散到眼前的惰性狀態，情勢比以往更加令人不稱心。

126

顯然地，沒人想看到團體中的情緒爆發，事實上，要不是因為要研究，是不該讓團體走到不能控制其情緒這一步的。精神科醫師有必要找到詮釋，讓團體了解正在發生的事情；讓基本假設和工作團體接觸。

對我來說，在團體的進程中，詳細揭露我在此描述現象的詮釋，大致而言可以達到這個目的。讀者可能會有興趣去觀察任何可以跟我提到的 baD 及團體活動中的 baD 雙重性相呼應的情形，例如我在前幾段所舉的例子，無論是歷史文獻還是當代報章雜誌報導中都可以看到。無論如何，在這個國家，媒體對所謂的福利國家的評論，在我看來都流露出一種焦慮，或是被單純形式或雙重形式的 baD 所引發，或是來自於渴望成為福利國家的源頭。然而，我應該補充，我相信從身為疏離成員的團體比身為積極參與成員的小團體中更容易看到這些現象。而後者的經驗才是重要的。

註釋

1. 譯註：valency 亦譯為原子價，本書譯為共價鍵，取其「人際共價」之涵義。
2. 譯註：〈撒母耳記上〉（臺灣基督教譯法，天主教翻譯為〈撒慕爾紀〉）是《舊約聖經》的其中一卷書，提到先知撒母耳（the prophet Samuel）出生於西元前 11 世紀中葉，介於以色列的士師時代與君王時代之間，是以色列人進入君王時期前最後一位掌權的士師。撒母耳協助百姓一心歸神、制仇敵、收失土。因應以色列人要求有一位自己的君主的呼聲，縱使撒母耳不悅，在向神耶和華請示過以後，根據神的旨意而膏立掃羅（Saul）為王。掃羅除了帶領人民打勝仗之外，對於不服從他的人也給予包容，但他後來多次違背神的旨意、晚年多行不義，使撒母耳以耶和華對掃羅棄絕為由，挑選新的繼承者大衛並重新膏立為王。掃羅因內心恐懼王位被奪去及忌妒多次追殺大衛，大衛在機緣之下並沒有選擇用槍將熟睡的掃羅殺死，而是表示憐憫不敢殺害「耶和華的受膏者」，之後被迫繼續逃亡。掃羅之後在另外的戰事中傷勢嚴重，最後選擇伏在自己的刀上，自殺身亡。大衛成為以色列第二任君王。

3. 譯註：「青蛙求國王」是《伊索寓言》的故事，描述青蛙群渴望有個國王，跟神乞求，神給了不會動的木樁。青蛙群不滿意，又跟神吵著要換國王，神再賜了鸛鳥當國王，結果後來青蛙被鸛鳥吃光了。

第七章

在上一章我談到了團體情緒擺盪的一個成因。現在我想探討一個會導致團體擺盪甚至是分裂（schism）的現象。在第五章中我提到「發展」是工作團體重要的功能。這也是工作團體有別於基本假設團體的一點。工作團體必然要關注現實，因此可以說具有佛洛伊德在他討論到的個人中的自我（ego）時的某些特徵。因為工作團體跟現實有關係，它的操作技巧往往是科學化的。本章討論的重點是團體或組成團體的個人被要求發展時所產生的阻抗。 127

分裂

根據成員的個性，個人會依附兩個次團體其中之一。次團體反對進步，而且訴諸於所依賴的領導者，或是我們已經見過的，依賴的領導者的替代品，也就是「團體聖經」之忠誠。這個次團體的依附者訴諸傳統，亦即「（團體）神的話」，或者某個被塑造成團體神的人，以拒絕改變。這個次團體的成員操縱所依賴的領導者或他們聲稱支持的替代方案讓依附該團體不會有任何痛苦的犧牲，因而大受歡迎。因此，心智活動維持在平庸、教條和無痛的水平上。團體的發展被阻止，停滯的結果 128

廣泛分布在團體中。

另一個次團體是由那些表面上支持新主意的成員所組成，但就像第一個次團體一樣達到相同目的，只是用相當不同的方法；它的要求變得非常嚴格，不再招募成員。透過這種方式，不再有加入與未加入的、原始的與複雜的痛苦聚集，而這些都是發展性衝突的本質。這兩個次團體因而都達到相同的目的，衝突被終結了。為了讓讀者了解，我解釋得稍微誇張一點，我必須說前一個次團體有大量原始的、單純的個人，而這些個人持續的增加數量，但沒有發展；另一個次團體有發展，但用如此窄的面向及如此少的成員，以避免去面對因為新的觀念和原始狀態融合時所產生的衝突。這機制平衡了社群中個人的複雜程度，而且也避免了個人在發展和直覺中所產生的衝突。我想起了一個指控：社會的生育多數是來自文化或教育程度較低的成員，而「最好的」成員頑固地不生育。

就像我在這裡用比較極端的形式來描述，「分裂」應該和「團體嘗試藉著吸收外在團體來結束擺盪」（見第 6 章）來做對照：分裂的團體嘗試藉由內戰解決問題，另一個團體用的則是對外戰爭。

129

對於團體的其他觀點

我現在將上述主題滙整在一起，並與已經提出的關於團體的其他觀點進行比較，這可能會有所幫助。

歷史上，很早就有人討論個人與他人及個人與團體關係之間的問題。古希臘哲學家柏拉圖（Plato）強調團體中個人的功能，也就是說，就像諺語所提到的「是鞋匠就應守著鞋楦」，各司其職不可越俎代庖，以此來維持團體和諧的需求。若拿這個觀點若和當代心理學中的複雜度相較就顯得太天真，但我們可能會忘了這個陳述是有其重要性的。它預設個人是理性的，而且在管理方面的考量會受到現實施加的限制。若個人堅持他的任務，或者若個人可以和其他個人共同合作來一起完成任務，那麼一切都會很好。以我的話來敘述的話，就是如果工作團體是構成團體心智的唯一元素，那就沒有問題。然而我在本書中提出的重點是，工作團體會不斷受到其他的團體心智現象所干擾。

這個事實在早期就很明顯了，柏拉圖理論令人不滿意，因為它經不起經驗的考驗，尤其又經過了亞里斯多德的批評。但就我們的目的而言，我不認為需要去細究接下來歷史上關於團體的討論，直接來看聖奧古斯丁（St. Augustine）所寫的《上帝之城》（*The City of God*）這本書即可。重點是阿拉里克（Alaric）在奪取羅馬後引起強烈的反應，促使聖奧古斯丁開始思考關於國家內部人際關係的整體問題。[譯註 1] 他假定有一個如天堂般的城市，在這裡個人間的關係在個人與神的關係影響下變得更和諧。這和柏拉圖的觀點大異其趣。聖奧古斯丁引入了一個新的面向。他的假定暗示著柏拉圖關於團體（我這邊稱為工作團體）的描述不是很足夠；他的假定跟我提出的「依賴的基本假設」（baD）很接近。我先前已經描述了關於 baD 中每個個人彼此間沒什麼關係，但每個個人都和依賴團體的領導者有關係。自從聖奧古斯丁之後，就再也沒有真正回到古典觀點，縱使霍布斯（Hobbes）在某些方面幾乎無

130

視聖奧古斯丁試圖處理的一些現象類型。（譯註2）近代自由主義思想家已經傾向於認為情感和理性很容易協調，也就是說，以我們的用語來說，工作團體的運作很容易與基本假設團體的運作協調。尼采（Nietzsche）倒是反對這個觀點，似乎暗示團體只能藉由釋放攻擊衝動才能獲得活力。（註3）在我的用語中，生命力僅能藉由基本假設的支配獲得，特別是在「戰或逃基本假設」（baF）中。在我的團體經驗中，上述所有觀點都曾以某種形式出現，甚至可在行動時得到暫時的優勢。但從我先前文章中，可以了解到，我並不認為任何一種觀點能提供永久的解決之道。無論如何，正如我希望能夠說明的那樣，即使在妥善的佈署之下，團體的反應還是比前述的理論要複雜得多。佛洛伊德明確否認任何對團體問題的研究，唯一的一個表淺的研究是《團體心理學和自我分析》（*Group Psychology and the Analysis of the Ego*），他的論點主要是基於以精神分析對他人研究成果所做的批評（《圖騰和禁忌》〔*Totem and Taboo*〕），1950, p. 75, fn.1）（註4）。

佛洛伊德在《團體心理學與自我的分析》一書中，開宗明義指出個人和團體心理是絕對不能區分開來的，因為個人的心理是指個人和其他人或物的關係。他反對一種想法，這種想法認為，把數量因素視為重要到能夠自行進入心智生活中產生新的本能是有困難的，而這個所謂的本能只在有數量時才發生作用（見該書第3頁）。在我的觀點，沒有新的本能在發生作用——應該是說本能總是在發揮作用。團體聚集一群人的重點是，它讓我們看到人類本身的「政治」（political）特徵是如何運作的。我已經說過我不認為有必要把一群人湊

131

在一起——即使個人的團體身份就在於表現得好像他並不屬於團體的樣子，他無法不成為團體的成員。這個精神分析的現象並非指「個人心理」（individual psychology）而是指「配對」（pairs）。個人是處於交戰狀態的團體動物（a group animal），不僅僅是與團體，與作為團體動物的自己，也與構成個人個性中的「群體性」（groupishness）[註5]交戰。

團體聚集在一個房間舉行是有必要的，因為只能以這種方式提供學習條件。在我看來，佛洛伊德和他曾引用的心理學家，如麥獨孤（William McDougall）和勒龐（Gustave Le Bon），都認為團體心理是一群人同時聚集在一個地方時所產生的，在這方面我同意佛洛伊德的抗議，即將太多的重要性歸因於數量；我認為他的錯誤在於他說只能在以下兩種選擇中尋求解決方案：（一）社會直覺不是原始的可能性，（二）團體的發展以與家庭相似的方式開始。

132

還有第三種選擇。我會說實際團體的重要性類似於分析師與被分析者的重要性，被分析者必須來到精神分析師面前，移情關係才可以被看見。同樣的道理，團體也是一樣，團體聚在一起以使團體的特性和在團體中的個人被看見。我並沒有特別強調團體得要凝聚在一起。重要的是，團體應該聚得夠近，好讓我能在不必大喊大叫的情況下給出詮釋。這意味著團體中成員的數量應該受到限制。同樣地，團體的分散程度應該也要被限制，因為我希望所有的個人都有機會目睹我作為解釋依據的證據。基於同樣的理由，個人必須在同一時間聚集。現在相信讀者都了解我剛剛所提到的一個很單純的技巧性安排，就是團體要在同一時間、同一地點進行是很明顯地非常重要的，但這點對於團體現象的產生沒有太大的意義。一般認為一件事情必須在其存在變得明顯的那一刻啟動，但這個想法是不正確的。我想要說的重點是，無論在時間和空間上是多麼孤立，沒有人可以被視為在團體之外或欠缺團體心理的積極表現，儘管無法證明此狀況的存在。接受人類是團體動物的想法將會解決看似矛盾的難題，即團體不僅僅是其成員的總和。這個現象的解釋必須在團體的基質之下來思考，而非僅在組成團體的個人中尋求。時鐘的精準報時絕對不是時鐘各自獨立的零件就可達到的功能，要達到精準報時必須倚賴時鐘所有零件的結合並一起運作才有可能。

133

如果我們可以了解時鐘不僅是各個零件的組成而已，同理我們也可以理解「一個團體會超過成員的總和」這個道理。

總而言之，除非意識到他們是群體動物的一份子，否則有些個人特性的真正重要性無法被了解；除非在可理解的研究領域——這裡指的是團體——中尋索，否則不能看到它們的操作。除非你探知他所屬的團體，否則你無法理解孤立的隱遁者。在這種情況下主張我們面對的是一個與團體無關的情況只是證明自己天真無知。因此我不喜歡里克曼所用的兩人、三人關係（two-body, three-body, relationships）這樣的術語。(註6)我認為這樣的用詞很容易變成太天真的詮釋。我個人觀點認為，隱遁者並不會僅因套入「兩人」的理論，就變成個人和觀察者在地理上單獨在一起，然後就可以解釋得更清楚。我會想知道隱遁者和觀察者是否同屬一個團體，如果不是，那他們各屬哪個團體。我也絕對不被看不見其他「身體」（bodies）的事實所動。如果我說這個論點促成我對歷史人物作精神分析研究的異議，會讓我的立場更清楚。出於忽視團體現象而存在於精神分析中的錯誤所造成的影響，可能會因為分析師和被分析者有很多共同的團體張力這個事實而減輕。但一個當代的分析師，即使他意識到了解眼前正研究的歷史人物其時空背景的重要性，他對這歷史人物的生活和行動的了解，也不可能到達他了解病人的生活狀況一樣的程度。

134

我認為佛洛伊德在討論團體時，在某種程度上沒有意識到自己所造成的革命的本質，那就是他不在個人中尋找精神官能症狀的解釋，而是在個人和客體之間的關係中尋找。留意團體的目的是，它改變了研究領域，收納了在團體外無法研究的現象。將團體外當作研究的領域時，他們的活動並不顯露。團體，就一群人聚集在一個房間裡這個意義上來說，並不會對個人或個人的集合本身加諸什麼，它僅是揭露出除此之外就看不到的現象。

換言之，團體心理和個人心理表面上的區別產生於一個來自於事實的錯覺，這事實就是團體能提供個人心理在某些面向可理解的研究領域，而這樣做能讓對不習慣使用團體的觀察者而言似乎是陌生的現象變得明顯。佛洛伊德似乎完全沒有在任何地方提到過他對團體的觀點是起源於萬物有靈論（animism）的研究；他表示，只有在他對材料和意見的選擇上才能看出他的貢獻（大概推測出自佛洛伊德著作《圖騰與禁忌》，第 75 頁的附註 1）。他對團體行為的解釋似乎是衍伸自精神分析中的推論。可能是由於這個原因，我將佛洛伊德對團體的描述，以及他所引用勒龐對團體的描述，與我在團體中的真實經驗比較過後，對我來說是有些奇怪（勒龐比佛洛伊德更甚）。舉例來說，當佛洛伊德引用勒龐所說的「團體從未渴望過真理，他們需要幻覺，而且離不開幻覺」（Freud, 1921），我不覺得我能同意這段描述。正如我在本節開頭所指出的那樣，我認為工作團體有巨大的力量和影響力，工作團體透過對現實的關注被迫採用科學方法，無論它的形式是多麼的原始。我認為關於團體令人注目的一點就是，儘管在基本假設的影響之下，從長遠來看工作團體是獲勝的。佛洛伊德似乎也認為，勒龐的描述對團體是不公平的，特別是當他討論到團體在語言、民歌、民間傳說產生上扮演的角色時。當佛洛伊德批評麥獨孤關於高組織化團體的觀點時，佛洛伊德指出麥獨孤認為組織的情況會消除「團體組成的心理劣勢」。而這個觀點倒是滿接近我提出的特殊化工作團體，因為它的功能是操縱基本假設以避免它對工作團體的阻礙。佛洛伊德喜歡把這個問題描述成，為團體獲取「精確地來說那些個人特質的，並且也是在團體形成過程被消滅的特徵」。佛洛伊德假定存在著一個原始團體之外的個人，這個人擁有他自己的連續性、他的自我意識，他的傳統和習慣與他自己的特定功能和地位。佛洛伊德說因為進入到了「未組織化」的團體，個人會暫時失去其獨特性。但在我看來，個人為了保存其獨特性所做的掙扎，會根據團體在不同時刻的心靈狀態而有不同的特質。團體組織應該對工作團體給予穩定性和持久性，若團體沒有組織，工作團體感覺更容易被基本假設所淹沒。個人獨特性不是以基本假設來運作的團體的一部分。組織和結構是工作團體的武器。他們是團體成員共同合作的產物，一旦他們的效應在團體中建立起來，會要求團體中個人更多的合作。在這樣的觀點上，麥獨孤提出的組織化團體（organized group）就是指工作團體，而且絕不是個基本假設團體。一個以基本假設來運作的團體不需要組織也不需要合作。在基本假設團體中，與工作團體的合作相對應的部分，是我先前所述的「共價鍵」（valency），共價鍵是在人的個性中群居特性的自發性、無意識功能。只有當團體開始以基本假設來運作時才會出現困難。行動不可避免地意味著與現實接觸，與現實接觸迫使人們關注真理，從而強加科學方法，從而實現工作團體的召喚。

我們可以回過頭來進一步考慮特殊工作團體。如同我已經說過的，佛洛伊德從他關於移情的研究來推論團體的情況是有阻礙的。基於我先前所述的原因，移情可能被源自配對性基本假設（baP）之團體特色給影響了；意即，若我們把它當成一個很可能被實際上存在於精神分析中的配對情況所刺激活化的團體現象。事實上，在團體情況中我們最容易找到精神分析中性的成分的重要性，以及反對佛洛伊德者對精神分析「性慾化」的懷疑和指責這兩者的來源。關於他對團體的討論的直接結果是，他能夠從精神分析中推斷出兩個特殊化的工作團體，「陸軍」和「教會」，但他沒有被吸引去討論最有可能跟 baP 有關的特殊工作團體。在社會上最可能與 baP 表現相關的次團體是最重視生育繁殖的一群人，也就是貴族階層。如果工作團體的特質發揮主導作用，它們將會透過一些如補貼基因遺傳學研究的活動來表現出來。事實上，我們不能把對生育繁殖的興趣視為科學光環，這科學光環應該是工作團體的病態表現。當然，原因在於這不僅是在處理工作團體的問題而已。這是一個分裂出來的特殊化次團體，它面對 baP 的方式就跟「軍

137

隊」面對戰或逃基本假設（baF）和「教會」面對依賴基本假設（baD）一樣。（註 7）基於這個原因，此一次團體和主要團體的關係不大會被科學的準確性所決定（科學的準確性是跟嚴格的基因原則所展開的愛情有關），而是被效率所決定，效率滿足這樣的團體要求，就是 baP 應該以不妨礙團體整體的工作團體功能的方式來處理。

現在我已經說過，在 baP 中，焦慮來自於團體和個人兩者皆服從於尚未出生的天才的感覺。貴族階層的作用有時候是在不使團體的現實感受到激怒之下，根據配對團體的假設找到一個活動的出口；有時候是預防團體的現實感破壞其保存性的制度，團體依賴這樣的制度來提供 baP 一個無害的表達手段。

註釋

1. 譯註：在第四世紀末期，當時的羅馬帝國因眾多因素叛亂紛爭不斷，西元 395 年羅馬帝國正式分裂，當時的西羅馬帝國一建立起後仍遭哥德人首領阿拉里克（Alaric）不段入侵，阿拉里克在西元 410 年攻陷羅馬並大舉掠劫，此舉表示羅馬的國都終在第五世紀被攻陷。西羅馬帝國在政治動盪不安之下，終在西元 476 年滅亡。聖奧古斯丁（St. Augustine）出生於西元 354 年，在羅馬城被攻陷之後，目睹世局混亂、看到異教徒將罪歸於基督徒、基督徒所受的嫁禍言論等，在西元 413 年著手寫《上帝之城》一書。聖奧古斯丁在書中說明，羅馬的衰退是肇因於道德的衰退；基督教不但不是羅馬衰退的原因，反而有助於道德的提升。但基督徒所歸屬的不是羅馬帝國或任何地上之城，而是上帝之城。表示對己之愛是一切罪惡根源屬地上之城，對神的愛並衍生對彼此的愛屬上帝之城。在對比這兩個城的過程中，也對人類的團體生活有深入的討論。（以上部分參考維基百科）而本文比昂把依賴性團體的基本假設用天空之城與神的關係來比喻，把神比喻成依賴性團體的領導者。

2. 譯註：霍布斯（Thomas Hobbes）出生於 1588 年，是英國的政治哲學家，創立機械唯物論；又認為人性的行為是出於自私的，依自己的慾望追求利益並且互相殘殺，而國家就是以自我中心的人類組成防止互相殘殺以創造組織。在當時英國戰爭的背景，霍布斯著有《利維坦》（*Leviathan*）一書，Leviathan 是聖經中的怪獸名字，象徵恐懼，把國家比喻成利維坦，使人們因恐懼並服從這隻怪獸而不至於殘殺。後代許多學者把聖奧古斯丁和霍布斯的理論作比較。
3. 譯註：在 17-18 世紀的啟蒙運動，是當時的哲學與文化運動，相信理性可以解決人類實存的基本問題，當時的思想家以人與自然、感性與理性的和諧來說明希臘藝術繁榮的原因。出生於 19 世紀的尼采，他的第一本著作「悲劇的誕生」看法則不同，藉助於兩個希臘神話日神阿波羅（Apollo）和酒神戴奧尼索斯（Dionysus）來傳達其藝術觀。日神是光明之神、造型之神，帶著優雅、冷靜及對外觀的重視，迫使人趨向幻覺的本能；酒神代表酒醉、非理性，迫使人趨向放縱的本能，人類的藝術就來自於兩者的對立衝突。
4. 譯註：佛洛伊德在他的著作《圖騰與禁忌》第三章始（第 75 頁）來說明萬物有靈論（animism），在其註 1 提到：「若有必要精簡地使用材料來論述會需要刪除詳盡的書目，我反而引用 Herbert Spencer, J. G. Frazer, Andrew Lang, E. B. Tylor 和 Wilhelm Wundt 的優秀的作品作為參考，讓我可以說明萬物有靈論和巫術（magic），我自己的論述在我的材料和見解中顯而易見」。
5. 譯註：應該是相對於 self-fish 所創的字。
6. 譯註：這指的是里克曼（John Rickman, 1891-1951），英國精神分析師。前文也有提到里克也有和比昂一起參與北場實驗，兩人關係密切。在里克曼的著作 *Selected Contributions to Psycho-Analysis* 提出「one-person psychology」關注於個人和其自己獨立的狀態，探討層面與神經學方面的智力、感覺、反應時間、學習與忘記、記憶力、想像力、幻想與內省等相關，提到觀察者或實驗者通常在場並用當下豐富的想像力與獨創性來進行心理學的實驗，而非像藉由機器人般明確設計的實驗。「two-person psychology」則進入到心理領域的交互關係，並探討存在的兩個人可能是在不同的空間或更的攻間彼此的關係，提到在理論和實務上最顯著的例子就是指精神分析中的移情關係了。「three-person psychology」表示在探討密閉的 two-person 關係時，有時會顯露出不完全是兩人只是在同一個空間上的關係而已，個案不只和他的分析師互動，甚至個案也像在扮演著分析師的伴侶，並且以伊底帕斯情結（Oedipus complex）為例。之後延伸「four-person psychology」及「multi-person psychology」等。

7. 譯註：再複習一次前面段落提到的這兩個特殊化工作團體的例子。軍隊為團體提供敵人以提供對付敵人的訓練；而教會提供一個理想化的、人人都可依靠的領導者，分別轉化為戰或逃和依賴性團體的基本假設。

第二部

團體的動力

佛洛伊德使用他精神分析的經驗，試著闡釋勒龐、麥獨孤以及其他人在研究團體時所發現的隱晦難明之處（註1）。在處理同一問題時，我打算討論現代精神分析發展，特別是梅蘭妮·克萊恩（Melanie Klein）理論與這些問題的關聯。克萊恩的理論指出，在生命開始的時候，個人接觸乳房，藉由此一原始意識的快速延伸，個人也會跟家庭這個團體產生聯繫。她進一步指出，這種接觸的本質展現了該接觸本身的特質，這些特質有兩方面深遠的意義，其一是個人發展的方面，其二，將有助於我們更完整地去理解佛洛伊德那直觀天才所陳述的機轉。 141

我希望展現的是，在接觸到團體生活的複雜性時，成年個人會採用的機轉也許是嚴重的退行（regression），亦即克萊恩所描述的典型心智生命最早期的防衛機轉（1931, 1946）。這個成年個人必須在他生活的團體中，建立起和該團體情緒生命的聯繫。這個任務的重要程度，完全不亞於乳房與嬰兒的關係；一旦失敗，將在他的退行中展露無遺。團體的存在並非只是「個人的聚集」這個信念，以及個人所賦予他想像中團體的特質，是這個退行至關重要的一部分。而個人退行同時也是個人賦予他想像中團體的特質。「退行來自個人失去獨特性」（Freud, 1921, p. 9）的事實可作為支持「團體確實存在」這個幻想的素材，但失去獨特性在此無法和「去人格化」作區分，因此混淆了對於「團體是個人的聚集」這個現實的觀察。接下來，如果觀察者認為這一個團體確實存在，那麼，組成團體的個人必然都經驗到這個退行。反過來說，假若這些個人為了某些理由，所構成的「團體」（這個詞表示個人的群集，且所有個人都處在同樣的退行狀態下），因為察覺到個人獨特性而感 142

到威脅，那麼這個團體就會處在恐慌的情緒狀態。然而，這不代表這個團體在瓦解，也不表示這個恐慌的團體已經失去了凝聚力（cohesiveness），這一點我將在後面說明。

在這篇論文中，我將總結以當前精神分析訓練所發展的直覺在團體中的應用所獲得的一些理論。這些理論和很多其他理論不同之處是它們是在所試圖描述的情緒壓力狀態下發展出來的，各有其優缺點。之所以要引入異於精神分析理論的新概念，部分是因我在處理不同的主題，部分是因我想知道一個開始擺脫過去的理論是否能將「我對團體的看法」以及「精神分析對個人的看法」相互比較，也因此能進一步判斷它們是相輔相成或背道而馳。

有時我認為這個團體對我有某種態度，而且我也能用文字

143

說明這個態度究竟為何；有時其他個別成員表現得彷彿這個團體對他有某種態度，而且我相信我能推斷他是怎麼想；有時我認為這個團體對某人有某種態度，而且我也可以說出這個態度為何。這些情境提供了詮釋所立基的原始材料，然而詮釋本身即是一種嘗試，試著要將團體對個人（包含我）以及個人對團體的態度翻譯成精確的話語。我只使用部分這類的情境：當詮釋看起來很明顯卻未被觀察到時，我認為這便是可以進行詮釋的成熟時機。

這些我希望能加以詮釋的團體，都歷經了一系列複雜的情緒事件，也因此才讓我得以推導出團體動力的理論。這些理論我認為可以有效應用於描述團體正在發生的事情，也有利於展露團體進一步會如何發展的核心。接下來，我會將這些理論做一個總整理。

工作團體

在任何一個團體中，也許都可以找到一些清楚的心智活動走向。無論再怎麼輕鬆隨意的團體，都是為了「做」些什麼而聚在一起。在這些活動中，團體成員依照自己的能力分工合作完成。在這種合作狀態中，團體成員是主動志願參與的，而這個合作狀態某種程度上仰賴成員們老練的處世技巧。參與在這樣的活動中的成員必需有數年的訓練，也要有去經驗和感受的能力好讓自己可以在心智上成熟發展。因為這樣的活動是為了配合某項任務，所以它與現實有關，它的方法是理性的，也因此是科學的（無論在科學的形式上它是多麼不成熟）。這種心智活動的特性與佛洛伊德（1911）用來描述自我（ego）的特性相似。這種面向的團體心智活動即是我所謂的工作團體。工作團體這個詞只包含某些特定形式的心智活動，並不是指參與團體的人。當病人在團體治療中相遇，我們總是可以看到某些心智活動被導引去解決團體成員們提出的問題。這裡有一段團體中過渡時期的範例： 144

六個病人和我在一個小房間裡坐成一個圓圈。A小姐提議如果大家都用基督教受洗的教名（註2）來稱呼彼此，那樣會很好。終於有個主題被說了出來，氣氛略微和緩下來。大家交換眼神，一瞬間可以看到交匯的生命力閃現。B先生進一步勇敢地表達說這是個好主意，C先生則認為這樣會「讓事物感覺更友善」。A小姐受到鼓舞要說出自己的教名時卻被D小姐打斷，她說她並不喜歡自己的教名，甚至希望她的教名從未被任何人知道。E 先生建議用假名；F 小姐則在檢查她自己的指甲。就在 A 小姐提出建議的幾分鐘內，這個討論就冷卻下來，變成了鬼鬼祟祟的偷瞄，其中一些眼光，而且是越來越多的眼光，向我這裡投來。B 先生打起精神，說在場的我們總得要想辦法稱呼彼此。此時的情緒就像一塊化合物，包含了焦慮和節節攀升的挫折感。其實在我真正被提到以前的好一段時間，我的名字很清楚地早就占據了這個團體的思緒。依著團體本身的運作，團體暗暗注定走向了冷漠與沉默。

以我目前的目的而言，我應該展示這方面的橋段來描述我用的工作團體一詞。以團體本身而言，如果出現以上的狀況，我也許會這麼做，但會根據我對此橋段在這個團體心智脈絡下其重要性的評估。首先，很清楚的是，如果七個人聚在一起說話，當彼此知道對方名字的話，這對討論是有幫助的。透過體認這個事實，在這個討論開啟的當下，它就是工作團體活動的產物。但是，對於提出對任何團體（不管這團體是執行何種任務的團體）都會有幫助的一個建議而言，這個團體的提議已經走過頭了。他們提的建議是使用教名，因為那會讓事情變友善。在我提到的這個團體中，我們可以精確地說，友善感的產生與治療性的需求是緊密相關的。在這個橋段中，我們也可以確實認為 D 小姐的反對和 E 先生的解決方案是由治療性需求所決定；事實上我指出這些暗示符合一個尚未明確說明的理論，那就是如果這個團體被帶領到只體驗愉快的情緒的話，我們的疾病就將被治癒。接下來我們將看到，工作團體功能的展示必須包括：（一）思想的建構過程，而此思想是為轉化成

145

行動而設計的；（二）立論的基礎，在前例即是對友善的需求；（三）相信外在環境的改變即足以治癒疾病，並不需要該個案有相應的改變；（四）展示被認為是「真實的」事實。

在我提到的案例中，剛好我後來證明了，立基於「治癒會從只體驗愉快情緒的團體中獲得」這想法的工作團體的功能（雖然我當時沒這樣稱呼它）不會產生我們所希望的治癒；這想法看似而且實際上也被某些困難所阻礙，例如單純直接地轉換為「給予團體成員名稱」這樣的行動是有困難的。在開始討論工作團體活動遭遇阻礙的本質之前，我想先提出一個解釋我的理論的困難點，這個困難點應該是很明顯的。對我而言，要描述一個團體的橋段，像我前面所提出的例子，然後還要試圖從中推導出理論，這只能說我有一個情況如此這般地發生的理論，而我只能用不同語言再描述一次。讀者要化解這樣的困境，只能藉由回憶自己參與過的委員會或其他聚會，並且仔細思考到自己能回憶起我所謂工作團體功能所存在的證據的程度，同時沒有遺漏實際管理的結構、領導者等等需要回顧的材料。 146

基本假設

就工作團體的活動而言，詮釋有許多沒有說出的部分：譬如建議使用假名這件事，難道只是因為從現實層面的需要才有此動機嗎？那些越來越明顯的情況，像是成員們鬼鬼祟祟的偷瞄，成員們尋索與分析師對話的正確模式，都無法將其有利地詮釋為與工作團體的功能相關。

工作團體的活動會受到與強烈情緒驅力特質相似的某些其他心智活動所阻礙、改變或偶爾輔助。這些心智活動乍看之下相當混亂，但若假定它們都是源自所有團體皆常見的基本假設，就會發現它們具有一定程度的一致性。在我舉的例子當中，顯而易見有個對於所有團體皆然的假設，即是他們聚集是為了從我這裡接受某種治療。但是當把這個想法當成工作團體功能的一部分來探索時卻顯示出，存在的想法充滿出於所依附情緒之現實，而這些想法甚至不符合較單純的成員有意識思考下的天真期盼。再者，就算是世故老練的成員的行為舉止也都呈現出同樣想法，例如其中一位科學領域的學士就是如此。

147

第一個假設是，團體聚在一起是為了從所依賴的領導者得到心靈和物質方面的滋養及保護，而成員們也是為了這樣的期待而參加團體、彼此相遇的。說到這裡，我的第一個基本假設可以被視為是重複前述，這個團體假設「所有成員聚集是為了從我這裡接受某種治療」，不過僅僅是改以隱喻方式出現而已。但本質上，若要理解這個基本假設，那麼一定要將我敘述的假設內容當作真實的而非僅是隱喻手法。

我把這個假設稱為依賴假設，從底下治療性團體的例子可以看出這個假設。

團體中有三位女性和兩位男性。這個團體在之前曾有過工作團體功能的跡象，去治療成員失能的部分。在現在這個時候，他們因為團體的某些事，應該都懷著沮喪絕望的情緒；此時他們完全依賴我，期待我去釐清他們的難處，因而提出各自的問題，要我提供解答來滿足他們。一位女性帶了巧克力，膽怯地邀請她右手邊的女性一起分享。有一位男性在吃三明治。一位曾在團體前幾次會面中提到自己不相信神也沒有宗教信仰的哲學系畢業生一如往常靜默地坐著，直到一位女性成員帶著一抹尖酸地說他都沒有問過問題，他才回應說：「我不需要說話，因為我知道只要我來到這裡夠久，就算我什麼都不做，我的問題也能夠得到解答。」

148

接著我說，我已經變成某種團體神祇，許多問題都導向我這邊，好像我不需要特別努力就可以找出解答來。就像是吃東西也是操弄團體的一部分，用來作為持續信仰我的材料。又比如像是這位哲學家之前說自己不相信祈禱的效能，但現在卻證明他先前說不相信神是假的。當我開始詮釋時，我不只相信它的真實性，也相信我能利用團體中大量的素材來進行面質（confrontation），進而說服他人——我在這篇文章中只能傳達一部分這些素材。當我說完，我卻覺得自己犯了什麼錯一樣；我被空洞的眼神團團圍住，而先前所說的內容、相關的佐證都已經消失。一段時間過去，那個吃完三明治且小心翼翼折好包裝紙收進口袋的男性，眉毛上揚地看了房間一圈，眼神裡帶著質疑。一位女性神情緊張地看著我；另一位則雙手緊扣，沉思般地凝視地板。我感覺到有一個念頭逐漸成形，我深信自己有罪，在一群懷抱真實信仰的人們組成的團體裡說了褻瀆他們信仰的話。第二位男性，一隻手肘掛在椅後，玩著他的手指。正在吃巧克力的女性，趕忙嚥下最後一塊。此時我詮釋道，我變成了一個非常壞的人，質疑了團體的神祇，但是因為這個團體無法從對神不敬的情境中脫離出來，焦慮和罪惡感隨之襲來。

在我的敘述中，我盡力描述我在團體中的反應，之所以這樣做的理由在稍後也許會變得更清楚。但是人們正好可以反駁，認為我所說的詮釋，最強而有力的證據並不是從團體中的事實得來，而是從分析師的主觀反應而來。因此如果要說為何要如此詮釋這個事件，其理由和解釋，除了來自團體動力之外，反而更可能是來自分析師的精神病理。這是一個公正的批評，也會需要許多分析師認真工作數年之後來面對。也因此，我必須將這個議題擱置，開始敘述我想用這篇文章來支持的論點。這個論點即是，在團體治療中，許多詮釋，其中包含最重要的詮釋，必須在治療師強烈的情緒反應下產生。我相信分析師的這些反應一定跟克萊恩所說的投射性認同有關（1946），這個機制一定占有團體中重要的地位，因為我認為分析師恰好就是接受投射性認同的最終端。因此我認為反移情經驗有重要的特性，能讓分析師分辨自己當下到底有沒有成為投射性認同的客體。在那個當下，分析師很可能會察覺到自己被操弄成為某人幻想的一部分——或者他真的被操弄，當然這可能是非常難以發現的。尤其是，如果分析師沒有仔細回憶當時短暫失去洞察的時刻，如果在感受強烈情緒的同時還認為這些情緒與客觀處境恰巧相符也不去重新思索這些情緒深沉的前因後果的時候，就可能真的被操弄了。

149

從分析師的觀點來看，這種經驗包含了兩個關係緊密的階段：第一個階段是會有一種感覺，無論自己做了什麼，絕對都無法給出一個正確的詮釋；第二個階段是會有一種感覺，自己變成一個特別的人，有著特別的情緒狀態。這種情緒狀態會伴隨著對外在現實的麻木，我相信跳脫這種麻木感是成為一位團體分析師最主要的條件。只要做得到這一點，分析師就能處在

適當的位置去作出我認為正確的詮釋，也因此能夠看到與前一個詮釋的連結，也看到前一個詮釋被質疑的原因。 150

接下來我要繼續陳述我思考的第二個基本假設，跟第一個假設一樣，也和團體聚集的目的有關。我之所以會開始注意到這個假設，是因為某次團體會面中，所有的會話幾乎都被一男一女壟斷，他們兩人或多或少忽視了其他成員。雖然無法說他們兩人交談的明顯內容與團體話題有很大的差異，但是總能感覺到他們的關係似乎有種情慾的氛圍；團體其他成員偶爾會交換眼神，似乎是暗示著感知到這樣的氛圍，但沒有很認真地看待。那個時候其他人對於從團體治療活動中分心的情況經常相當敏感，所謂的團體治療活動，是例如說話或聽我或其他成員說出一些「詮釋」。然而令我印象深刻的是，他們似乎一點都不在意讓那一對男女占有整個舞台。再觀察下去，整個事情就明朗了，配對發生的假設跟配對雙方的性別沒有特定關係。那時有一種特殊的氣氛，讓團體會面帶著希望與期待，有這種氛圍的幾次會面，成員們都有別於平時持續數小時的無聊與挫折。我們不該認為在配對團體中我注意到的這些元素是獨有或特別明顯的。事實上，在精神分析的場域中，這般資料俯拾即是；舉例來說，如果有人對於個人對一個團體情況的反應近似於對原初場景（primal scene）的行動化（acting out）這點視而不見，那反而非常奇怪。但在我看來，如果我們的專注力完全被這種反應吸引過去，那反而會有礙於我們觀察到底這種團體有什麼特別之處。此外，我認為這種專注力在最糟糕的情況下可能導致貶值的精神分析，而非促成探索團體療癒的可能性。如此一來，讀者一定會假設在各式各樣團體情境 151

中，充斥大量精神分析常見的題材等著評估；我建議暫時忽略這些素材，應該轉而思考配對團體特質，那種有希望的期待的氛圍。在團體的口語表達中，經常能聽到一些帶有這些氛圍的想法，例如，結婚就能終結精神官能症帶來的失能（neurotic disabilities）；團體治療只要散布夠廣就能撼動社會；下一個季節，無論春夏秋冬，一定會更好；應該發展一種新型態的社群或更好的團體。這些表達都是把注意力轉移到一個可能會有的將來，但對於分析師而言，最要緊的不是將來的事件，而是團體中的每一個現在，也就是希望的感覺本身。這種感覺是配對團體的特徵，即使沒有其他證據，這種感覺依然可以做為配對團體出現的明證。這種感覺本身是性慾的前驅物，也是它的一部分。這些口語表達出來的樂觀想法是合理化，意圖引致時間感的置換，以及要跟心中的罪惡感達成和解，也就是歡愉的感受被合理地辯解了，因為說出希望是道德上無可非議的。因此，和配對團體相關的情緒，是相對於恨意、破壞、絕望等負向情感的另一端。為了要讓這種「希望」持續存在，配對團體「領導者」必須尚未誕生；這一點也是它和依賴團體以及戰或逃的團體不同的地方。團體成員會期待有一個人或一個想法來拯救這個團體免於它本身或另一團體的恨意、破壞和絕望；而為了達到這個目的，這救世主般的願望必然不能被滿足。只有保有希望才能讓希望持續存在。它的困難處在於，由於對團體性慾浮現的合理化，性的徵兆以希望的形貌進入團體，工作團體傾向受其影響，而朝向創造一位救世主的方向前進；無論這個救世主是一個人、一個想法或一個烏托邦。只要團體內出現救世主，就會削弱希望；因為明顯沒什麼好需要再期待了，也

152

因為恨意、破壞、絕望從未極端受到影響，所以它們的存在自然會披露出來。這個狀態會加速對將來希望的弱化。為了能夠討論團體動力，我們姑且接受「團體應該為了獲取團體內的希望而被操弄」這樣的想法，那麼認為自己應該要去操弄的人們，無論是以特殊工作團體成員身分的能力（我很快就會說明），或以個人身分的能力，他們都應該要留意，確保期待救世主的希望並沒有實現。當然，此時的危險就是，在那特殊的工作團體不斷被操弄的時候，要不就是會變得包含過多狂熱而干擾了原本工作團體單純又富有創造力的功能，要不就是會反過來讓他們的操弄先一步受阻，轉而呈現出「清理掉一個救世主，又要再創造一個期待救世主的願望」是必需但又麻煩的（註3）。在治療性團體中，與此相關且富挑戰性的問題是，我們要讓團體成員能夠意識到這種因將來的希望所帶來的感覺，以及這個希望所牽連的事物，並且要能忍受得了這些感覺。在配對團體中能夠耐得住這些感覺是基本假設的功能之一，但這種忍耐力的產生不能被視為個人成長的跡象。

第三個基本假設是，這個團體相遇是為了對抗或逃離某事物。整個團體準備好漠不關心地執行其中之一。我把這種心智狀態稱為戰或逃的團體；在這狀態下的團體所接受的領導者必須要能提供成員們攻擊或撻伐的機會，倘若沒辦法做到，那麼他就會被忽視。在這個治療性團體中，分析師就是工作團體的領導者。他能控制的情緒支撐（emotional backing），取決於活躍中的基本假設的起伏，也取決於這個人的行為舉止在不同心智狀態中被視為符合領導者樣貌的起伏。在戰或逃的團體中，分析師會覺得，試圖闡述團體內到底正在發生什麼事的時

153

候，會受到阻礙；這種阻礙是來自於一種情緒得到支持的放鬆感，而此一支持是在表達對所有心理困擾的仇視，或當成逃避這些困擾的辦法。在一開始我舉的例子中，依據團體互動的脈絡，我會說提議使用教名也許可以被詮釋為戰或逃團體中的逃，不過實際考量到該團體發展的階段，我還是把它詮釋為工作團體的功能。

所有基本假設團體的常見特性

參與基本假設團體的活動，並不需要任何訓練、經驗或心智發展等方面的要求。它的發生是瞬間的、必然的、本能的。在我見識過的團體中，我不覺得需要假定一個群體本能的存在來解釋這種現象。[註4]與工作團體的功能相反，基本假設團體的活動不會要求成員具備合作的能力，但卻取決於成員的共價鍵（valency）。「共價鍵」這個詞是我從物理學家借來的，主要想表達一種瞬間且非自主的結合能力，是個人與他人分享和實踐基本假設的能力。

工作團體的功能在某一個基本假設中總是明顯的，而且同時間只能有三種基本假設中的一種。工作團體的功能雖可維持不變，同時間滲透整個局面的基本假設卻可能經常轉換；一個團體可以在一小時內轉換兩、三次基本假設，也可能同一個基本假設就維持數個月之久。為了說明未活化的基本假設其命運如何，我已經假設一套原型心智系統的存在。在這套系統裡，身體和心智的活動無法區分開來，而且這套系統牽涉的範圍，應該是在一般認為心理學可以有效探索的領域之外[註5]。

我認為應該要牢記，某個領域是否適合從心理學的角度來探索，除了取決於該領域的本質之外，還取決於其他因素，例如我們採用的心理學探索技術的效力。就像身心醫學的領域，往往描述的就是心理和身體現象要劃清其界線的困難。因此我也建議，不用去決定區分基本假設以及那些被我歸入原型心智系統的界線。

許多日常使用的技術都已經用於探索工作團體的功能。至於基本假設現象的探索，我認為精神分析或是由其延伸出來的分支技術是很關鍵的。但是因為工作團體的功能一定會被基本假設現象所滲透，所以使用忽略基本假設現象的技術將會招致對工作團體功能的誤判。

與基本假設相關的情緒可用極為普通的詞彙描述出來，例如：焦慮、害怕、討厭、喜愛等等。但是，針對任一基本假設常見的情緒都會微妙地相互影響，彷彿它們是活躍中的基本假設的特定組合；這個意思是說，以焦慮為例，在依賴團體中，和在配對團體中，同樣名為焦慮的情緒，其性質卻可能大相逕庭。其他情緒也會有此現象。

除了配對團體其領導者是處於未誕生、不存在的（non-existent）狀態之外，其他基本假設中都有領導者的存在。然而，領導者並不等同於任何團體成員；他甚至不必然是個人，也可以是個概念、想法，或是個根本沒有生命的東西。在依賴團體中，領導者的地位也許會充滿該團體的歷史。一個抱怨無法記住之前會面中發生過什麼事情的團體開始製作會議紀錄。這個會議紀錄將變成一本可用來解決紛爭的「聖經」，例如，在一個團體中，有人雖被成員冠上領導者的名號，但仍然無法符合成員期待並成為可被依賴的領導者時。如果團體受到一個「接受後會讓團體成員發展」的想法威脅時，團體會訴諸製造聖經。這樣的想法從與配對團體領導者特性的關聯中取得情感力量並激發情感阻力。當依賴團體或戰或逃團體正處於活躍狀態時，團體會努力想壓抑新想法，因為新想法的出現威脅到現狀。在戰爭中，新想法會讓人覺得是新花樣的——就好比一次大戰中首次出現的坦克車，或是新的軍官遴選制度——換言之，也就是與軍隊的聖經對立。在依賴團體中，感覺上這會威脅到領導者，不管這個領導者是「聖經」或是人。這種情況在配對團體中亦然，因為新的想法或人，被視為尚未出生的天才或救世主，如我之前曾說，如果要實現配對團體的功能，一定要維持在未誕生狀態。

基本假設的轉換間異常形式

團體心智狀態的改變，不一定肇因於基本假設的轉換，而是根據張力提高時正在活躍的基本假設，可能發生異常形式的心智狀態改變。這些異常形式往往會牽涉到某個外來的團體。假若活躍的是依賴團體，受到一個配對團體領導者壓力的威脅（特別是以一種混合著期待救世主的願望的念頭出現時），此時如果運用製造聖經的方法又失靈，這個威脅會引發匯入其他團體的呼聲作為反制。如果活躍的是戰或逃團體，會傾向吸收另一個團體。如果活躍的是配對團體，那會傾向於分裂。最後一個反應可能顯得有些詭異，但依然可以理解，只要我們記得，配對團體中期待救世主的願望必須維持不被實現，不管那個救世主是人或想法。這個問題的核心在於：新想法要求團體發展所造成的威脅，以及基本假設團體無法忍受發展。這件事的理由容我稍後再行說明。

特殊的工作團體

佛洛伊德曾注意到一些特殊的工作團體，雖然他用了其他名字來稱呼它們。這些工作團體的任務格外容易去刺激特定的基本假設。典型的例子就是教會或陸軍。教會特別容易受到依賴團體現象的干擾，而陸軍則是容易受到戰或逃團體現象的影響。但當我們如此考量的時候，我們一定也要想到另一種可能性：這些團體其實都各自萌發於一個主要團體，也都各自構成該主要團體的一部分，其目的是為了減少依賴性或者戰或逃團體（對主要團體）的影響，以避免主要團體的工作團體功能受到阻礙。如果我們採納後者的假設，那麼一旦依賴性或者戰或逃團體的活動不再出現在這些特殊的工作團體中，或是這些活動變得太過旺盛，我們都應該把這兩種狀況視為這些特殊工作團體的失敗。不管是哪種情況結果都一樣：主要團體必須接管屬於特殊工作團體的功能，同時也要完成自己工作團體的功能。假如這個特殊工作團體沒有去因應，或無法因應它自身的基本假設現象，那麼主要團體的工作團體功能就會被該基本假設的壓力弄得一團糟。因為工作團體的功能本質上包含將思緒和感覺轉譯為符合現實判斷的行為能力，它不大能夠替基本假設表達；越試圖將基本假設轉譯成行動，基本假設就變得越危險。事實上，特殊的工作團體傾向意識到這種情形，並且試圖用反向操作的方式來展現它，也就是將行為或行動轉譯為基本假設的心智活動，這是個安全多了的過程。因此當一個教會展現一些顯著的工作團體功能的成就時，會要求該團體對其神祇（而不是自己現實中努力工作的能力）獻上感謝，也就是「主啊！不是歸於我們。」(註6)從降低工作團體功能的角度來看，繁榮且成功的教會一定結合了宗教信念的強化以及不把這宗教信念化為行動的堅持；而一支成功的戰鬥部隊一定要鼓勵「凡事武力都能解決」這樣的信念，但是絕對不使用武力。從這兩個例子我們可以知道：基本假設的心智狀態並不適合被轉譯成行動，因為行動需要工作團體的功能來維持與現實的連結。

158

在小型治療性團體中，當依賴性（基本假設）團體活躍時，會有產生一個次團體（sub-group）的傾向，該次團體承擔了將領導者（通常是團體分析師）詮釋給整個團體了解的功能。在戰或逃團體中會有類似的次團體，有著類似功能。如果團體分析師頑固地堅持某些事物，他就很容易引發某些反應，而這些反應就與我前述與新想法帶來的威脅是相關的。

我在之前的章節曾提到貴族階級（原文書136頁）也許是實現配對性團體功能的特殊工作團體，就像前面教會和陸軍實現他們兩個各自的基本假設團體一樣。這個次團體的功能是提供一個感覺的出口；這些感覺的主題圍繞在養育和出生的想法，也就是期待救世主的願望；這種願望我之前已經提過，可以當作性慾（sexual desire）的前驅物，但不會激起「這些感覺會引起要求團體發展的事件所帶來的」恐懼。貴族階級必須鼓舞期待救世主的願望，但在此同時認為，如果配對團體的領導者出現，會出生在皇宮，但會和我們（平民）沒什麼兩樣；「大眾的」可能是所渴望特性的現代空話術語。在治療性團體中，「貴族階級的」次團體常常會協助團體去理解，他們對於這些所謂的新觀念其實已經相當熟悉。

基本假設、時間和發展

有兩個基本假設心智狀態的特性我想要特別關注。第一個特性是，這些基本假設都未牽涉到時間；時間是心智功能中未被覺察的維度；因此，所有需要去感知時間的活動，都無法完美地被理解，而且會有挑起被害感（feelings of persecution）的傾向。在基本假設這個層次上面，如果要來詮釋心智活動，那麼和時間的關係一定只會讓人覺得困擾。第二個特性前面已經提過，基本假設的心智活動並沒有任何的發展過程；給予發展的刺激，就會招致敵意的回應。所有聲稱可以藉由研究團體提升治療性發展的洞識（insight）都應該意識到這個重要課題。因此，敵意會促使對於救世主（無論那是人或想法）出現的期待產生異常反應，而非在不同基本假設之間轉換不可。假若有個團體拒絕發展，這種事情最簡單的作法就是讓整個團體自己被基本假設的心智活動給擊潰，整個團體的心智生命也就會變成近乎不需要發展能力的狀態。這種轉變帶來的主要補償似乎是增加了一種令人愉悅的活力感。

運用分裂（schism）作為防衛以對抗因發展帶來的威脅性的想法，可以在分裂團體的操作中看到，表面上反對，但實際上促成相同的結果。一個維持在依賴的基本假設團體，常常以團體聖經（group “bible”）的形式出現。這樣的團體會盡量散布既定的想法，其作法為剔除這些想法中任何會讓人痛苦付出的性質，因而獲得抗拒發展所帶來痛苦的人的忠誠。思想因此變得穩定，穩定程度就像是老生常談或不容質疑的專斷一般。另一個團體，號稱支持新的想法的團體，會過度興奮於自我的要求，而停止招募新成員。這兩種團體都迴避把原始的與複雜細緻的部分放在一起的痛苦，也就是迴避發展性衝突的本質。因此，深刻卻極少數的分裂者會去對抗膚淺而大量的分裂者。這種結果讓人想起一種曾被表達的恐懼，那就是，一個社會是由最沒有文化的成員大量繁殖而來，而當中的「菁英份子」卻頑固地不生育。

基本假設之間的關係

我們現在重新思考三個基本假設和工作團體，看看它們是否真的不能再分解成一些更基礎的東西。團體內複雜且混亂的情緒狀態，在研究者們面前不斷展開，即使我們有了基本假設這樣的陳述，幫助我們去賦予這些情緒狀態一些形式與意義，我們至今還是無法合理解釋為何這些假設的東西應該存在。此外，我們也能清楚看到，這三個基本假設任一個都無法緩解團體的恐懼以及情緒，否則我們應該不會看到基本假設間彼此的轉換，也不會形成我先前勾勒過的相對應的特殊工作團體。（註 7）這三個基本假設都包含了團體內應該會有一位領導者這樣的概念。戰或逃的團體把對理解的否認當作一種技術。這三個基本假設也都會阻礙發展，而發展本身仰賴理解。另一方面，工作團體則是認可團體內的兩個需求：理解和發展。如果我們考量到那些特殊工作團體，應該會覺得那三個工作團體似乎與它們主要對應的基本假設毫無關聯。因此，有著依賴基本假設的特殊工作團體並沒有擺脫救世主想法，即使救世主想法看似在配對團體中更多一些。依賴團體似乎更致力於一個救世主誕生，出生於沒有婚姻的父母，出生在一個蒲草（bulrushes）編成的床上或馬槽中，其中一位父母是尊貴的，例如法老的女兒或神，而另一位則不那麼崇高（註 8）。在配對團體中，貴族階級的次團體會允許尊貴的父母、婚姻以及舒適的嬰兒床，但是這個孩子只有在和我們其他人一起時才值得注意。詳加審視團體中的所有事實後，要把前述一些東西全部串連起來確實是有困難，這些東西包含，性愛（sexual love）、相稱的父母、如我們自身一般的嬰兒、期待救世主的願望以及迫切想要發展的想法。我認為這個期待救世主的願望是性愛的重要元素；而對發展的迫切則需要理解力。戰或逃團體缺乏理解力，而缺乏理解愛是無法存在的。然而戰或逃的團體的領導者帶回一個令人害怕的元素，一個可怕的父親或（無助的）嬰兒的近似物。

此外，這三個基本假設團體似乎是具有戀母情境角色特徵的集合體，在它們共享的情境中各自扮演一個角色，而這些角色的特質會隨著活躍的基本假設種類不同而不同。在戀母情結情境中，這些角色能被區辨出來，也是靠著不同基本假設團體間重要的差異。這種關係似乎是在個人和團體之間。但是這團群體感覺起來像是一個支離破碎的個人，有另一個隱藏的個人一同出席。隱藏的個人就是領導者，雖然這似乎與不斷重申分析師是領導者的陳述相矛盾，但請記住在治療團體中分析師是工作團體的領導者，並且如果注意到許多跡象表明，雖然他被懷疑是在領導，但顯然很少被感受到在領導，那麼矛盾就會得到解決。根據我的經驗，我常常會被質疑沒有參與團體，或是沒有提供團體一些機會來了解我的看法，儘管有可能我話說得比其他人都還要多。這裡的關鍵點是，在一個團體中伴隨著表達的想法所出現的感覺；我要再次強調的一點是，我被懷疑在但並未被感受在領導團體。

162

在情緒的層面上，也就是基本假設主宰的地方，戀母情結情境的角色能夠像精神分析的形式一樣被區辨出來。但是這些元素也包含一個鮮少在原本神話中提到的角色，人面獅身獸。只要我在團體中有被認為是工作團體功能的領導者，而且這件事經常被認知到，我（以及認同該團體的功能）就會覺得被某一類的感覺團團圍繞，那些感覺很適合用神祕的、沉思的、愛詰問的、散布災難的人面獅身獸來形容。我會在團體中運用這些神話的人物或專有名詞，而且經常是使用在我的介入造成了超過一般程度的焦慮的時候，也往往在我運用出來之後，幾乎都不需要我再多做解釋，團體自然會領略這些相似之處。就我所知，愛詰問的態度就會給人一種恐懼的壓迫感，這種現象在團體經驗中顯露無遺，可能也沒有其他地方的經驗比這裡還要清楚。這種緊張感並非單單針對詰問者，還包含面對探究的對象，我猜這種緊張感在面對探究的對象比面對詰問者還多。團體整體如果作為一個探究的對象，那勢必會引發極端原初型態的恐懼。我的臆測是，在團體成員心中，團體非常接近克萊恩所指稱的關於母親身體的原初幻想（primitive phantasies）。針對團體動力進行理性探討的嘗試因此會受到恐懼的干擾。這些干擾及處理這種干擾的機制是偏執－類分裂心理位置的特質。要進行這些探討，就不可能不牽涉到這些層級的刺激和活化。

經過前面的討論之後，我們現在有更好的位置來考量到底基本假設能不能再分解成更基礎的東西。我敘述了不少這三種心智狀態值得注意的相似處，正因如此，我們才該進一步去想是否它們並非基礎的現象，而是某些真正初階的心智現象傳遞出來的表徵或是所造成的反應。雖然我認為有了這些基本假設，它們已經很能夠將次團體會面中一團混亂的素材理出頭緒，給出一些我們方便理解並且進入狀況的秩序，但是很明顯的，更深入的探討需要全新的假設。這種對於新假設的需求，以及達成可滿足這個需求的新假設的方法，對我而言經過某些考量後是越來越明顯；這些考量就是去想，到底是什麼促成了基本假設間的轉換。關於這些考量，我在前述基本假設轉換間的異常形式那一節已經做了部分討論。

簡言之，不管當前活躍的基本假設是哪一個，研究發現，情緒狀態中的因素與早期焦慮的幻想如此密切相關，即當焦慮的壓力變得過大時，團體被迫採取防衛行動。從這些原始的層次切入，基本假設就會展現不同的面向。現在可以看出配對的衝動具有源於精神病性焦慮（psychotic anxiety）的成分，該成分奠基在部分客體關係的原始戀母情結上。這種焦慮迫使個人尋求盟友。在配對團體中，尋求配對衝動的起源被披上一層理性解釋的罩衫，讓人以為其動機是性愛和客體的繁殖（reproduction）。

但是如果配對團體是當前活躍的基本假設，我們會再次發現它的許多成分太接近原始部分客體而不可能不被識別，因此精神病性焦慮遲早會被激發，從而產生新的防衛。讓我們設想它採取戰或逃團體的形式，即仇恨的釋放，它藉由對假想敵毀

164

滅性的攻擊或者逃離憎恨的對象找到仇恨宣洩的出口。團體對個人的漠不關心，加上團體無法透過此一方式從原始原初場景（primitive primal scene）中逃脫，再次導致焦慮的釋放和再次轉換基本假設的需求。

從這個描述可以看出，基本假設這個構造次發於極端早期的原初場景，在部分客體的層級上被發展出來，並且與精神病性焦慮、分裂及投射性認同機轉有關，如克萊恩所描述偏執－類分裂心理位置和憂鬱心理位置（depressive positions）的特徵。而我們所看到團體的內射與投射[註9]，現在成了令人害怕的探究者，也是令人害怕的探究對象，共同形成整個畫面中重要的部分；除非我們非常主動地去確認這些內射與投射，否則會因為這些過程而對眼前的場景更感困惑。

原初場景的古典觀點遠遠不足以處理團體的動力。但我必須強調，徹底熟悉發生在團體中原始的起初場景是很重要的。這和古典描述中的原初場景明顯不同，它的樣態更怪異（bizarre），而且似乎假設雙親之一的一部分，就像乳房或母親的身體，會包含父親一部分的其他客體。克萊恩在她關於生命早期階段戀母情結衝突的論文中敘述到這些幻想。（Klein, 1928; Klein, 1945）[註10]（見 Heimann, 1952b）在我看來，團體的經驗提供了足夠的資料來支持這些幻想對團體來說是至

165

關重要的觀點。[註11]一個團體越不穩定（disturbed），原初

幻想和防衛機轉就越容易現形；一個團體越穩定，它就會越對應到佛洛伊德所陳述的團體型態，即重複過往家庭團體的模式，以及精神官能性的防衛機轉。但即便是堪稱穩定的團體，其深層精神病層次也應被顯示，儘管這樣可能暫時導致團體陷入更深的「疾病」（illness）狀態。

上半部總結

在開始討論團體的心理分析觀點之前，我認為有必要總結一下我到目前為止所描述的理論。人們應該要記住，我為了達到一種無偏見的觀點，故意剷除自己對團體任何早期精神分析理論的看法，因為一位精神分析師很可能自然而然，會提議使用精神分析建立起的直觀判斷來探討團體。結果我得出了一個團體理論，就是工作團體功能和行為經常帶有強烈的情緒色彩，這表明團體對三個基本假設反應都是情緒化的。如果我們認為，這些基本假設都是在不由自主、自動自發、無可避免的狀態下被創造出來的，這樣的想法似乎在描述團體行為時會顯得相當有用。然而，有很多跡象表明，這些所謂的「基本假設」不能被視為獨特的心智狀態。意思是說，我並不是說他們是「基本的」解釋，可以解釋團體中的所有行為——這簡直是毫無意義的浮誇之言；我要強調的是，就算今天我們可以很有把握區分它們，它們依然很可能會存在一些特質，諸如：雙軌並行、交互影響甚或橫看成嶺側成峰，換個角度就變成另一個基本假設。舉例來說，配對團體中期待救世主的願望和依賴團體中的神祇兩者之間有著些許相似處。不過因為它們展現

166

的情緒調性是如此不同，所以這些相似之處可能很難察覺。在每一個基本假設團體中，焦慮、恐懼、憎惡、愛，全部都會存在。在個別基本假設中，情緒同時出現的時候也許會遭遇到一些調整，因為在各個基本假設中的「黏合劑」並不一樣。做如此稱呼的原因是因為這些情緒會把其他情緒連結起來；這些「黏合劑」情緒在依賴團體中是罪惡感和憂鬱，在配對團體中是期待救世主的願望，在戰或逃團體中是憤怒與厭惡。假若真是如此，在這個討論中的思考內容所呈現的結果，很可能在三種基本假設團體中會是如此不同得令人眩惑。有時我們很可能會覺得，在配對團體中那個未誕生的天才和依賴團體中的神祇是如此神似；當然在那類情境下，依賴團體訴諸的是「過去的」領導者的權威，而與此極為接近的是，配對的團體吸引的是「未來的」領導者。相同之處是兩者的領導者都不存在於現場，但團體張力和情緒則有所不同。

我重申這些要點，以表明我提出的基本假設的學說不能被視為一種死板的公式。

精神分析的觀點

佛洛伊德的團體理論源自他的移情研究。以精神分析角度來看，配對關係可被視為較大團體情境的一部分，所以如同我先前所述，可以想見移情關係很可能帶有配對團體的色彩。假若我們把分析視為整個團體情境的一部分，那麼我們應該會期待察覺到性的元素躍然其間，以及看到分析中的猜疑（suspicions）與敵意以性活動的方式活躍在部分的團體中，但這些覺察事實上都從分析當中被排除掉了。

佛洛伊德從他分析的經驗推論教會和軍隊這兩個我提過的特殊工作團體的重要性，但從未討論過貴族階級這個特殊工作團體，後者其實花了更多注意力在生育（breeding）這個主題上，也因此更有可能演變成非得要處理配對的團體現象不可。假若貴族階級團體只是單純與外在現實有關，它的活動會跟實際上看到的很不一樣，它的工作會顯得更像一所大學中的基因部門而已。但科學光環似乎從未對生育的主題表示任何興趣；科學光環會讓我們對一個人心智活動的理解導向外在現實：這種情況下，我們會認為貴族階級團體是一個特殊工作團體，分裂出來去處理配對團體的現象，就類似軍隊要去處理戰或逃團體的現象，或類似教會要去處理依賴團體的現象一樣。因此這個次團體和主團體間的關係將不會被某種忠誠度左右，反而會被某種效率（efficiency）決定；忠誠度是指團體忠於自己的基本原則來運作它該執行的事務；而所謂效率則是用以滿足主要團體的需求，那些需求也是在處理配對團體時必須的，如此一來，整個團體的工作團體功能就不會受到來自配對團體情感驅力的阻礙。雖然佛洛伊德僅承認過一個未深入探討的團體研究（1913, p75），也就是在討論勒龐、麥獨孤以及威爾弗雷德·特羅特（Wilfred Trotter）時提出了他的觀點（1921, passim），但是從他 1921 年的文獻可以推測[註 12]，佛洛伊德實際上有豐富的團體經驗，而成為一個深陷情緒之中的個人意味著什麼——正如我在精神分析中所表明的那樣，精神分析可能會主導一個激勵配對團體的團體。

佛洛伊德在 1930 年的文獻中提到（1930, p44），個人的

168 心理學和團體的心理學兩者無法做出絕對的區分，因為個人心理學某部分就是用來和他人建立關係用的。他說，很難將數字[註13]賦予一個重要意義，使其能在精神生活中喚起一種新的本能（不然這種本能根本不會發揮作用）。在這個觀點上我認為佛洛伊德是對的；我也還沒遇到任何一個現象需要我再去多假設一個群聚本能（herd instinct）才能解釋。個人是，並且一直是團體的成員，即使他的成員身分包括在現實上賦予他根本不屬於團體的想法。個人在戰爭中就是群居動物（group animal），不管是從整個團體來看，或是從個人的人格層面來看。我們也會從個人的人格層面看到內含的群體性（groupishness）。佛洛伊德把這種戰爭界定成為了「文化」而抗爭（1921, p29），但我希望表明這需要進一步擴展。

麥獨孤和勒龐似乎都認為團體心理學應該界定在一定數量的人群聚在一時一地的情況下來討論，而佛洛伊德似乎也沒有表達任何反對的看法。但我認為這不必然如此，除非是為了研究的需要。個人聚集起來的必要，只有當分析師及被分析者為了要讓分析中的移情關係得以展現出來時[註14]，只有群聚時才有足夠的條件來展示團體的特性；也只有個人彼此都夠接近的情況下，才不需要大呼小叫地去講詮釋的內容；同樣地，作為詮釋的基礎的那些證據，團體成員也需要夠近的距離來清楚目睹。基於上述理由，團體的人數、分散程度，都應該要有所限制。也為了這些操作性的理由，團體的會面必須在講好的時間和地點見面，但是這種時空的限制，對於團體現象的產生其 169 實沒什麼意義；之所以覺得這種時空限制對團體的現象有意義，應該是來自於我們的既定印象，認為可以展示才能確認其存在，也認為事情就是在那個時候才開始發生。事實上，任何個人，無論在時間和空間上是多麼孤立，都不應被視為身處團體之外或缺乏團體心理學的積極表現。然而，團體行為當然在個人聚集時會比較容易展示甚或觀察；我認為應該是這種變得容易展示或觀察的變化，會讓人認為應該有一種可稱為群聚的本能，像是特羅特的假說，或是其他人提過的許多理論，最終都導出一個結果，就是團體遠遠多於個人人數的總和。我自己的經驗使我確信佛洛伊德拒絕下述的觀念是正確的，至少以目前的證據顯示的確是如此：所謂團體心理學和個人心理學之間存在清楚差異這根本就是錯覺，而這個錯覺之所以產生，是因為那些不常使用團體的觀察者對於團體內主要的現象很陌生。[註 15與16]

我認為比起基本假設團體，工作團體的力量和影響力應該是更顯著的，也因為它的運作更關乎外在現實，所以迫使研究者必須使用科學方法來了解，無論該科學方法的發展還在多麼初步的階段；儘管基本假設依然有其影響力，甚至有時會與工作團體相輔相成，但長遠來看，工作團體的影響力依然會勝出。勒龐說，團體有了真相就會滿足，但佛洛伊德認為這樣的說法對團體而言並不公平。我贊成佛洛伊德的看法，特別是在討論團體會去製造出語言[註 17]、民謠和民間故事等等的角色地位。麥獨孤曾說，高度組織化的團體其存在條件會去移除「團體成形過程中產生的心理缺失」（psychological disadvantages）；當他說出這句話的時候就已經很接近我的某個觀點，那就是特殊工作團體的功能是為了操弄基本假設，如此一來才能避免工作團體功能的阻滯。佛洛伊德把這種心理狀

170

態描述成促成團體形成的條件之一，「這種條件是個人的特質，但在團體形成的過程中，會從個人身上消失不見。」他假設一個個人在原初團體之外會有其自身的時空連續性、自我覺察、屬於自己的個人傳統和習性、特有的功能和角色地位。佛洛伊德說，由於個人進入的是一個未組織化的團體，他一定會經歷一段時間失去自我獨特性的感覺。我認為當下團體的心智狀態，會讓個人在盡力維持自我獨特性的時候，展現不同的特質。團體的組織程度會正向地影響工作團體的穩定性和持續力，但假使團體是未組織的狀態，那麼工作團體很可能會淹沒在基本假設中。一個團體的行動是以基本假設為基礎時，個人自我的獨特性就不可能有展現的機會。組織性和結構是工作團體的武器，兩者是因為成員與團體的合作而產生；而它們的效果會去敦促個人繼續與團體合作。從這方面來說，麥獨孤的組織化團體絕對是工作團體而非基本假設團體。一個團體若是以基本假設為行動的基礎，將不會需要組織性或合作的能力。合作對應到基本假設中的部分是共價鍵——它是一種自發的、無意識的功能，是人格當中群居社交特質的一種功能。當一個團體開始以基本假設為行動的基礎時，便會遭遇許多困難。行動的意思一定表示與現實世界有所接觸，因此必然要顧慮現實；在此情況下，我們才能使用科學方法，而且工作團體也才能成形。勒龐把團體領導者描述成有如下特質的人：在他底下會有一群人憑著本能來決定聽命於他，這群人也會接受他的權威並視之為領袖；勒龐也認為領導者必然有符合團體需求的個人特質，也必然有其自身強烈的信心用以喚起整個團體的信心。他所說的「領導者必然有符合團體需求的個人特質」的部

171

分，在我的說法可以得到另類的匹配，那就是，如果一個領導者的行為或特質無法落在當前團體的基本假設範圍內時，這個領導者將會被團體無視。進一步來說，領導者也必然與團體有相同的信心，但我認為這不是為了喚起團體信心，而是因為無論是團體的態度也好，領導者的態度也好，全都是當下活躍的基本假設的功能。

麥獨孤在「組織化的」以及「未組織化的」團體間的界定（1920, p45）對我來說似乎是應用在一個團體中並存的兩種不同的心智狀態，而非兩個不同的團體。「組織化的」團體表現的是工作團體的特徵；「未組織化的」團體則是基本假設團體的特徵。佛洛伊德在討論麥獨孤的觀點時，也引用了麥獨孤對於「未組織化的」團體的描述。關於團體的暗示性這件事情，我認為這要看我們給的到底是怎樣的暗示。如果暗示的內容落在活躍的基本假設範圍內，符合其情緒，那麼團體將會接受這個暗示；反之，團體則會忽略這個暗示。這種特性我認為尤其在恐慌的現象中表現得非常清楚，容我稍後再述。

上述麥獨孤被佛洛伊德拿出來討論的一些內容，提到過不少提升群體心智生命水平的條件。「這些條件中，第一個，」他說，「做為其他條件的基礎，就是團體存在的連續性已經達到了某個程度。」（1920, p49）就憑著這句話，我有信心麥獨孤描述的組織化的團體就是我所謂的工作團體。邁耶爾·福特斯（Meyer Fortes）在他 1949 年的文獻中，曾討論過芮克里夫·布朗（Radcliffe Brown）關於社會結構的看法，特別是討論「作為現實中具體實存的結構」以及「結構的形式」（structural form）兩者的差別，文中提到，其中的差別與

172

社會結構整體隨時間演變的連續性有關。在我來看，這種連續性是工作團體的功能之一。福特斯認為，時間因素在社會結構中，就其發生樣態而言，絕對不是單一的形式，他也補充說，所有社團形式的團體（corporate groups）依其定義而言必然有連續性。就像麥獨孤在分辨組織化的以及未組織化的團體時作出的描述，時間因素的發生也是一樣，我才不相信我們真的是在處理兩個不同的團體，也不相信我們會是在面對不同的兩群個人；我寧可相信這是兩種不同的心智活動共存於同一群個人組成的團體中。在工作團體活動中，時間是內因性的；在基本假設活動中，時間根本沒有地位。基本假設團體的功能會早在團體成員真正見到面以前就開始活躍，而且會延續到團體解散以後。它的功能根本沒有所謂的發展或衰退，從這方面看來，它與工作團體真的是天差地別。因此我們大概可以這麼說，如果我們沒有先辨認出當前團體的心智功能，也不了解有這兩種功能並存在同一團體內運作的話，那麼針對團體的時間連續性的觀察就會產生異常和矛盾的結果。詢問「下次團體何時再見？」的人，他問的那句話指涉的心智現象就是工作團體。基本假設團體根本就沒有見面或解散可言，也無法讓其與時間有所關聯。我知道有個團體，裡面全是些智能頗高的人，他們都清楚知道團體的時間架構，不過就在某次會面結束時，他們為治療的結束表達了憤怒，而且有好一段時間都無法掌握一些絕對是屬於工作團體心智的事實。因此，在基本假設團體中，通常所謂的不耐煩必須被視為焦慮的一種表達，這種焦慮是由對基本假設心理一無所知的層面本質上（intrinsically）混合的現象引起的。這就好像一位全盲者接觸

173

到了一種只有熟悉光影刺激本質的人才能理解的現象。

我會把麥獨孤提升群體心智生命水平的原則描述成是要表達一種企圖，目的是避免工作團體被基本假設團體阻滯。他提到的第二個條件，強調了個人需要清楚了解工作團體的目標。他的第四點則指出團體成員的心中亟需一個整體的傳統、習俗（customs）和習慣，這樣的團體也將決定成員間的關係以及成員和整個團體的關係；第四點的看法與柏拉圖的看法類似，後者認為團體的和諧性必須立基於個人的功能，以及個人持續功能的穩定度。此外，這一點也和聖奧古斯丁的《上帝之城》一書第 19 章描述的觀點相近似，當中提到任何一個人要和他周遭的人們建立一個正確的關係之前，必須要先調節他自己和上帝之間的關係。但這一點和我的某個敘述看似矛盾：我認為麥獨孤關於組織化團體的描述，主要都是工作團體的現象。這兩位作者的差異應該在此：麥獨孤敘述的是，要強化工作團體的能力來因應基本假設，以利維持與外在現實的接觸；然而聖奧古斯丁敘述的是一種技術，要讓特定的工作團體可以藉由這種技術擁有特殊的功能，以利維持和基本假設的接觸——特別是依賴的基本假設。我們在讀聖奧古斯丁的文本時最好記得，他是要捍衛基督教的，因為當時羅馬無法抵禦亞拉里克一世的猛攻，被視為是基督徒敗壞風紀的結果。（註 18）換言之，當時有個機關或團體成立，而且讓人懷疑是否正在以一種比他們那些異教徒前輩還要沒效率的方式來處理基本假設。我想聖奧古斯丁沒有辦法輕鬆地反駁這件事。我認為這當中有個嚴峻的挑戰，常常是一種困境，而且對於要領導公眾或團體的人來說這種困境一定不陌生：要去刺激甚至操控基本假

174

設，通常都會以某些形式來完成，但在缺乏一定程度的了解或感知的情況下完成此事，那麼必將招致不良後果，甚至引火自焚，讓自己身敗名裂。

現在，我要來討論佛洛伊德的某些論述，那個部分最終導向一個命題，那就是個人在團體中的時候，他的情緒相對變得格外強烈，而理智的智性能力（intellectual ability）則明顯地降低。關於這點，當我從個人的觀點來考量團體時，我覺得有些事情必須要交代清楚，但容我稍後再述。目前我想要用佛洛伊德曾做過的方式（1921, p33），以團體現象的概念來試著闡釋這個議題。在團體中，我已經研究過，成員們會自然而然期待我去接下領導者的位置，幫他們組織整個團體的活動。然而，我去利用領導者的位置，讓我能夠引導團體展示團體動力，這種「組織化」（organization）並非麥獨孤所認為的團體的組織化意圖要做的事情。按照麥獨孤的說法，想要建立一個「組織化的」團體，一定是受挫的。基本假設帶有的恐懼，不可能處理到令人滿意的程度，因此這種恐懼一定會展現在壓抑的情緒中，情緒正是基本假設重要本質的一部分。因此，個人會感受到團體的緊張，這種緊張就是強化情緒所造成的結果；缺乏結構會促使基本假設更加掌控整個團體，而且因為在這樣的團體中理智的智性活動會大幅受限，身處基本假設團體中的個人，其行為也會被基本假設改變，所以該個人會覺得，彷彿自己的智性能量（capacity）[註19]有減少的狀況。相信自己智性能量減少的信念又會再度被強化，因為個人會自動忽略所有與基本假設不相符的智性活動。但事實上，我根本不相信智性活動在團體內會減少這回事，也不相信麥獨孤所

175

稱，「思想領域的重要決定、人類問題的重大發現與解決，只能在個人獨自一人時完成」（1920）；不過，這種信念在討論團體時不斷出現，而且所有執行團體的計畫，都是建立來規避團體情緒可能帶來的有害影響。我自己給出詮釋的原因，就是因為我相信團體中依然有可能出現高階理性的智性活動，也能同時感知基本假設團體的情緒且不逃避它。如果團體治療有其價值，那必然是發生在這類團體活動中意識層面的經歷。

佛洛伊德在團體的討論中，出現過許多詞彙來描摹某樣事物，這些詞彙諸如：暗示（suggestion）、摹擬（imitation）、領導者聲望（prestige of leaders）、傳染力（contagion），不過我就是用「共價鍵」這個詞，部分是因為我要避免前述詞彙原意的干擾，部分是因為物理學中的「共價鍵」是要命名原子之間緊密結合的詞彙，這個詞因此透露出我想暗示的意思和我使用的目的，而且透露得恰到好處。我想用這個詞來表示個人的一種能量（capacity），這種能量會讓個人自發地與其他個人連結，而且其連結時的行為模式會是團體內已建立的模式，也就是團體的基本假設。稍後我將更細緻地描述這個詞，看我在處理精神分析觀點中個人讓團體存續的貢獻時，到底應該賦予這個詞彙什麼意義。 176

我不應該在佛洛伊德的討論上太鑽牛角尖，不過我會在他的「原欲」（libido）一詞上做一些討論，這個詞是他從研究精神病性精神官能症（psycho-neuroses ）中借來使用的。（Freud, 1921）他採用了精神分析的門道來作為討論團體的套路，而我自己在團體中的經驗則會將精神分析視為一種工作團體，這種工作團體很有機會去刺激配對的基本假設；循此脈絡，因為精神分析本身就是配對團體的一部分，所以精神分析的探究很可能就會將性（sexuality）放在中心的位置。此外，這種說法很可能會被攻擊，因為它的本質就是性慾的活動，根據我對配對團體的看法，團體必須假設兩個個人在團體的會面只是為了性的目的。因此，很自然地佛洛伊德會把團體中個人的鍵結本質視為原欲的。（註 20）在團體中，鍵結含有的原欲元素是配對團體的特質，但是，我認為這在其他兩個基本假設團體中，會是不同的局面（complexion）。先說佛洛伊德對於教會中執牛耳者的描述，他說那是耶穌基督，但我認為應該是至高神祇才對。基督或救世主，確實都是領導者，但祂是依賴團體的領導者，而非配對的團體的領導者。在精神分析中，這就是視為配對團體的一部分，救世主或希望有救世主的想法（Messianic idea）占據了中心位置，而個人間的鍵結依然是原欲的。希望擁有救世主的想法是違背他自己的想法，因為在這個想法中，會去假想各個病人都值得分析師用心對待；同樣的，有些人認為精神分析最終會發展出一項能完美拯救人類的技術，這種想法也正是希望有救世主的想法的體現。簡言之，我認為佛洛伊德用的原欲一詞，只有在一個面向上是正確的，雖然是很重要的面向，而且我也覺得需要某種更中性的詞彙，能夠適當地指涉所有基本假設中的連結。至於工作團體中的連結，我認為其間摻雜許多人情世故，本質相當複雜，使用合作（co-operation）一詞來描述會更恰當。

177

佛洛伊德曾將領導者描述成團體都依賴的那個人，而且團體會從領導者的人格中衍生出團體的特性。這樣的說法在我看來似乎是從他對於認同（identification）的看法衍生出來的，而且幾乎可以當作是自我（ego）的內射（introjection）的過程；我的看法是，領導者和其他成員都一樣，都是基本假設的產物（creature），我認為這是可以想像得到的，如果我們預先設想過團體成員認同領導者不只透過內射還同時包含投射性認同的話。（Melanie Klein, 1946）在基本假設的層級上，領導者並非憑藉著一股相信某個想法的盲目熱情就創造出團體，應該這麼說，領導者是一個有特殊人格特質的人，他的人格會讓自己盡量滿足基本假設團體領導者位置需要的條件，並且藉此異常地容易消除自身的個別性（individuality）。「個人的獨特性消失」的情況，應用到領導者身上，就和應用到其他成員身上一樣，程度一樣明顯——這也許就是為什麼我們總有機會看到領導者容易有作態的情況的原因。例如，在戰或逃的團體中，領導者表現得像是有另一個不同的人格一樣，因為他的人格會借給團體來挖掘可用的心理資源以滿足團體的需求，但此時團體對於心理需求的滿足條件只要讓自己能達成戰或逃就好；領導者根本沒有足夠的自由度去介入他人，他只能乖乖在位子上做他自己，就跟其他成員一模一樣。我很高興這個觀念和勒龐的想法不同，他認為領導者必須要握有強大且雄渾的意志；佛洛伊德的看法則是將領導者對應到催眠師，我的看法也與此不同。按照勒龐的想法，領導者要變成「像自動機器（automaton）一樣，須暫停被他自己的意志來引導」，而且團體中的其他成員往往都是如此，這樣一來領導者就能握有如前述般的力量。簡言之，勒龐的團體領導者，是基本假設團體的領導者，不管該領導者實際上在工作團體中是什麼功能；因為據勒龐所述，這樣的領導者是憑藉著他瞬間、非自願的（也有可能是自願的）結合能量（capacity），與團體成員進行連結，他與團體成員的差異只有他是領導者這一點而已。（註21）

178

佛洛伊德的看法似乎並沒有明確認為與領導者地位相關的現象有可能會帶來一些危險。他關於領導者的看法，以及其他我所知道的看法，並不能很恰當地和我自己團體經驗中的領導者地位做結合。工作團體的領導者至少要能夠維持與外在現實的連結，但是基本假設團體的領導者，並不需要這樣的條件（qualification）。關於領導者常見的敘述，以工作團體的領導者的性質為主，似乎包含了許多不同的團體現象。（註22）根據我前述的理由，工作團體的領導者要不就是缺乏對團體的影響力而顯得無害，要不就是掌握現實的狀況彷彿握有權威。因此，關於團體領導者地位的討論，絕大多數都是指涉工作團體領導者的特質，而因為染上了這樣的色彩，這些討論都顯得相當樂觀。在我看來，基本假設團體的領導者並不排除工作團體領導者的身份認同；而基本假設團體領導者的存在雖然可以激起團體熱切的忠誠，可是卻無法包容任何基本假設需求的現實以外的其他現實。意識到這可能意味著該團體由一個人領導，他的工作資格是他的性格被抹殺，成為自動機器，成為「沒有個人獨特性的個人」，但卻又如此充滿了基本假設團體的情緒，他所承載的聲望，無疑是工作團體領導的特殊待遇。當我們了解了這種情況，也許就能解釋某些領導者們將團體帶進了某些災難；當他們巔峰時期的情緒消失後，他們的資格似乎就沒有實質內涵了。

179

佛洛伊德認為，恐慌這個現象的最佳研究對象是軍隊。

（1921, p45）我曾經有兩次在部隊出任務的場合下經歷過恐慌，也在幾次小型民間成員的團體中有類似的情緒經驗，相似度高到我認為也可以叫做恐慌。我認為佛洛伊德是在討論同樣的現象，雖然這種經驗從任何角度看來似乎不會擔綱他理論的大樑。麥獨孤也曾經描述過恐慌，我認為那也跟我講的恐慌是類似經驗，至少本質上對我來說是如此，我會這麼確定，是因為他在 1920 年的兩處文獻記載：第一，他曾說，「其他原始的狀態下，原初的情緒也許會在團體中快速散佈，跟恐懼的散佈方式很像，但是過程卻很少像恐懼那麼快，也很少像恐懼那麼強烈」（1920, p24）；第二處則是一個註腳，描述他在婆羅洲親眼目睹的實例，其中憤怒的情緒在團體間幾乎是瞬間散佈開來（1920, p26）。麥獨孤將恐懼和憤怒擺得很近，雖然沒有真正作連結，不過這已經能支持我的看法，認為恐慌是戰或逃的團體某一方面的表現。我的論點是，恐慌、逃、未受控制的攻擊，三者其實是一樣的東西。佛洛伊德曾經引用奧地利劇作家內斯特羅（Johann Nestroy）的滑稽劇（1921, p49），雖然我不熟悉那齣戲，但是就佛洛伊德所引述的內容看來，我同意佛洛伊德是想要將恐慌典型化，但我會說：沒有比死亡更能從戰爭中解脫的辦法了。在該劇中，即便是將軍死後，也沒有恐慌的逃（panic flight），這一點似乎與對戰或逃領導者的忠貞不符；劇中他在死後依然有追隨者，因為他的死亡其實是一種領導的實證。

恐慌並不是在所有場合都會發生，往往是發生在容易引起憤怒的情境。憤怒和恐懼當下都沒有良好的抒發管道：此時挫折必然無法迴避，也因為挫折的存在必然需要感知時間，而時間卻又無法存在於基本假設現象中，所以這種挫折也令人難以忍受。而逃本身則提供了一個立即表達情緒的機會，因此在戰或逃的團體中，逃就符合要瞬間滿足的需求——接著團體就會逃跑。戰或逃團體將會追隨任一位領導者（而且，與迄今為止表達過的行為相反，在追隨領導者這件事上表現一致），不管他將發出即時逃或瞬時戰的命令。假若團體中有個個人可以順應戰或逃領導者訂下的限制，那麼該個人就可以毫無困難地從逃跑掉頭轉為攻擊，或是從攻擊掉頭轉為恐慌。

180

造成恐慌的刺激源，或者我想可以和憤怒一詞相互代換，一定是發生在工作團體功能之外的事件。也就是說，團體的組織化程度（如我之前所說，這是工作團體功能的一部分），並非恐慌的因子；除非組織化會影響到該團體對造成恐慌的事件的因應能力。佛洛伊德曾經以劇院或娛樂場所的火災為例（1921, p47），當時工作團體正在看的是一場表演而非一場火災，至少是不會想去撲滅它。組織化的關鍵點在於，它要能符合團體外在的目標，也要能符合基本假設的操弄，這種追尋過程的開始是經過最縝密計算的。回到恐慌的原因，在軍隊中，恐慌並非是因軍事危險而造成的，雖然就事物本質而言，當場很可能確實有軍事危險。戰或逃不太可能是工作團體的適切反應，在那種情境下，就算有恐慌也不太可能是由該情境本身所引起，很可能是因為我們沒有觀察到真正的原因。

在佛洛伊德的理論和我的理論之間，有很明顯的差異。透過我刻意使用新式詞彙來包裝我認為是我發現到的機轉的心理容器（apparatus of mechanisms），這樣的差異會變得更明顯。要檢測這樣的結果，除了個人觀點之外，還需要其他立足

181

點來審視團體。但是在我如此審視之前，我想先小結一下。佛洛伊德看待團體，是將之視為部分客體關係（part-object relationships）的重現，依此觀點推展，團體就會呈現近似精神官能症型態的行為；然而，我的看法則認為團體會比較接近精神病性的行為。

一個社會或團體，假如是健康的，應該會展現出與佛洛伊德描述的家庭團體的相似處。團體越是受擾動，就越不能用家庭型態的基礎來理解，也越不能用精神官能症行為的基礎來理解，這正與個人情況雷同。

這不表示我只打算描述生病的團體。相反地，我非常懷疑，是否任何團體都要將其精神病性的型態披露出來才能獲得真正的治療。疾病在有些團體中一開始就顯而易見，但在某些團體中則需先做一些事才會讓人看見。這些團體就像精神分析中的病人一樣，在經過數月的分析後，患者看起來比進行分析之前病得更重。

參加以治療為名的團體的個人，當然會去相信他將經驗到一些能治癒自己的事物。然而，幾乎毫無例外地，病人根本不相信參加團體有什麼好處，也不認為團體可以治癒自己；如果例外發生，那會很好分辨出來就是個例外。我所在的團體中，成員們往往驚訝地發現團體中所發生的事情，並不能夠緩解他們的焦慮，而是一種複雜而艱苦的證明，顯示他們對這個團體模糊和不合理的懷疑及怨恨，往往只是基於團體對於他們和他們的困擾過於強烈的態度。他們的疑慮其來有自，因為他們被對他們來說似乎是完全真正的冷漠所包圍，或者更糟的是，被對他們的憎惡包圍。有個實際的例子是這樣的：團體

182

中六位成員和我一起會面，一位女性不斷在說話。她抱怨進食遇到的困難，例如她在餐廳吃東西時會很怕噎到，在最近一次用餐時她也一樣害怕，而且同桌有一位漂亮的女性，她也害怕會因此尷尬。A 先生說：「我感覺不像是這樣。」他的言談也引起了一陣竊竊私語的討論，其中有一、兩個聲音是贊同他的；他們可以說、也確實說出了自己的贊成，但是這個團體也可以在此時狡猾地表示：「我什麼都沒說。」其他的人則是看似對此事毫無興趣或事不關己。如果我們把情境換成精神分析的場合，這位女性說了一樣的話，我們很清楚知道，根據她自己對分析的說法，分析師不費吹灰之力就能找到許多可能的詮釋。我看不出這些基於多年精神分析研究的解釋如何被認為適用於團體，也許它們真的不適用，也或許我們必須修正我們對於構成分析情境的想法。事實上，我給的詮釋幾乎都是想要指出，這位女性對團體的信賴及其後出現的素材，主要都是在說兩件事情，一是團體有焦慮的情緒，因為不想承認那位女性的困難也是他們的，不管是哪一種困難；另一件事則是，只要他們繼續耍賴不承認，他們就可以顯得比那位女性更優秀。我接著就能顯示，這個團體接受這位女性的直率方式，讓團體其餘的人很難個別地、勇敢坦誠地去說出其他方面的事情，也就是他們已經準備要承認自己是「劣勢」的地方。簡言之，我們很容易見到那些帶著人生難處的病人進到團體，但獲得的卻是對自己更多的劣質感（inferiority）、孤單，也沒有強化自我價值感。

183

這個情況跟精神分析中分析師成功揭露潛意識的恐懼和焦慮的情境並不相仿。在上面的例子中，沒有任何詮釋交代那位女性「有一位相當漂亮的女性」出現在她用餐情境下的意義是什麼。她其實正處於一個會任意訴諸投射性認同的團體中，而她也充當了團體中的接受體，但這時她很可能會接收到一些不愉快的情緒；而我截至當時還算成功的一連串詮釋可以幫助她釐清在團體中那些不愉快的情緒。我當然可以告訴她，她在會面中的「餐點」就是讓她在團體中那麼窘的原因，而且某種程度上，這隱含在我給予整個團體的詮釋中。但是，從分析當下的角度來看，我們似乎可以說句公道話，那位女性不僅沒有得到令人滿意的詮釋而且還遭遇了不舒服的經驗，何況這個不舒服並非肇因於她失能的本質，而是因為團體治療根本是個錯誤的療法。然而，還有另一個可能性：在這位女性說話的當下，雖然我沒有理由這樣假設，而且我也確實沒有這樣假設，很可能她是個精神病性精神官能症的個案，她表達自己的整個方式強烈地讓我想到無意識表達的坦率和連貫性，這種表達在精神病質中經常用來與理性交流中的混雜（confusion）形成鮮明對比。我想將我的觀點陳述得更清楚些：如果這個病人是跟我一起在精神分析的情境中，說出像她在團體中說出的話，她的語調和神態絕對不會讓我懷疑，當下我的詮釋，就是適合精神官能症失能的詮釋；但在團體中，我卻覺得，那樣的語調和神態，反而更適用於精神病質的整合陳述（formulation）。從這個角度來看，我敢說，這位女性感受到一個稱為團體的客體被她進食的事情扯得四分五裂（一個碎塊就是一位團體成員），也感受到一種信念，就是被強化的罪惡感，而這罪惡感是與成為投射性認同的接受體的情緒相關，都是她行為錯誤所導致的。這些罪惡感再次讓她難以理解團體其

184

他成員在她的情緒中扮演的角色。

到目前為止，我已經考量過「團體的惡劣狀態」了，就是她觸及了試圖接受治療的患者；我們也許該來考慮團體成員的觀點，這些成員都一直希望獲得「治癒」，而且是藉由克萊恩所說的分裂與投射的機轉。（1946）這些成員不只將他們自己完全從那位女性的困擾中抽離，更有甚者，如果整體機轉是有效的話，他們還會開放一條路給自己，讓自己認為有需要將任何為那位女性負責的感覺全部卸除。做法就是將人格中好的部分分裂出來，放到分析師身上。以這種方法，這些個人從團體中獲得的「治療」，一方面是達到一種可以理解為近似佛洛伊德所稱的「失去個別的個人獨特性（individual distinctiveness）」的心智狀態，另一方面則是我們在精神病質病人身上能發現到的去人格化（depersonalization）。就這點來說，這個團體應該是處於基本假設中依賴團體掌控全局的狀態。

185

關於這個團體的發展，我想就此打住，不過我要提出它後續出現的一個奇特的行為，這個行為在所有種類的團體情境裡其實也非常常見：之後的溝通，大概都是短暫的插話、長時間的沉默、感到無聊的嘆氣、顯示身體不適的動作。團體中如果出現這樣的狀態，值得密切觀察。團體似乎也都能夠忍受這種談話近乎無止盡的蔓延，或者他們其實根本沒有人能忍受。其中確實有些抗議的聲音，但是忍受並延續這種單調，似乎比起結束掉它來得比較沒有那麼罪惡。我無法完全說明思考這一階段團體行為的重要性，我滿足於說它與前述的分裂（splitting）以及去人格化緊密相關。我也相信，它和憂鬱的

感覺有關，這種感覺強烈的程度可能達到像是要維持類分裂心理位置來壓制憂鬱心理位置的力道。（Klein, 1946）

口語表達

詮釋往往會被置之不理，就像在精神分析的場合一樣，這種忽略的情況非常明顯；有可能是因為詮釋錯誤，無法達到理想的效果；或者，有可能是基本假設太過掌控全局，以致於任何的領導動作都會被忽略，當然這種情況並不只限於基本假設過度活躍的狀態。但是就算這些可能性都成立，依然有一個無法解釋清楚的部分。我非得這麼下結論不可：口語訊息的交換是工作團體的功能[註 23]。一旦團體越是符合基本假設團體，就會越少使用理性的口語表達。詞彙是一種載體，搭載的是聲音的溝通。克萊恩在其 1930 年的文獻中曾強調在個人發展中符號形成（symbol formation）的重要性，而且她的討論中曾述及符號形成能力的崩壞，這與我上面敘述的團體狀態有關。工作團體能夠理解符號在溝通上使用的特定情況，基本假設團體則無法理解。我曾經聽過這種說法，說基本團體的「語言」是最原初的，但我不信。對我來說，那是被貶抑的狀態，而不是原初的狀態。團體使用現存的語言的行為，是一種行動的模式[註 24]，而不是要將語言發展成思考的方法。被簡化的溝通方法，根本就沒有原初或早期語言的那種活力。這種簡化是退化或是貶抑。當一個團體察覺到詞彙並不恰當，並且嘗試討論成員在團體中使用的詞彙以達成共識時，前面敘述的那種狀態才會逆轉。在這個當下，一個人也許會說，自己看到

186

了「原初的」科學方法的演化，這種演化能充當工作團體功能的一部分，但是毫無貶低其價值的意思。基本假設團體的「語言」缺乏符號形成和使用能力所賦予的精確性和廣度：因此，缺乏協助發展的可能，而且平常照理說可以促進發展的刺激也都沒有效果。不過，可能會有人宣稱團體使用了「通用語言」（Universal Linguistic）作為溝通方法，這個詞是義大利哲學家克羅齊（Benedetto Croce）描述美學時使用的。而在基本假設的層次上，每個人類團體可以很快速地了解其他人類團體，無論文化、語言、傳統等方面差異如何地大。

187

作為運用我所提出的一些理論的應用，我會以《聖經》中建造巴別塔的故事[註25]為例。這個神話把底下的一些元素連結在一起（這種連結並非精神分析的自由聯想）：通用語言、團體建造一座讓至高神祇感到自身位置受威脅的高塔、混淆通用語言和人們四散地球各處。這個神話到底隱藏了怎樣的事件？我會用我的理論去詮釋這個神話，當作是體現依賴基本假設掌控的團體如何發展語言的範例。語言的新發展本身需要在團體內才能做到——有件事值得一提，佛洛伊德選擇語言的發展當作高階心智的團體活動範例。這種語言發展的條件，我認為暗示著高塔象徵的意義，而高塔的建造威脅了至高的神祇。高塔將直通天堂的說法，我認為寓意著期待救世主願望的元素，這種元素我認為就是配對團體的本質。但是滿足了救世主的期待就違背了配對團體基本假設的準則，而團體將在分裂中消失。

克萊恩在其 1930 年的文獻中曾說到，在某些個人身上，會有無法形成符號的特徵，我把它擴大，認為所有基本假設團體成員個人都無法形成符號。

總結

我認為佛洛伊德對團體動力的看法所需要的不是修正，而是一些補充。許多時候，詮釋是適當的，當它將注意力放在團體的行為，而這個行為是針對家庭情境所作出的反應時。換言之，有豐富的證據支持佛洛伊德的看法，讓我們足以接受家庭團體為所有的團體提供了基本的樣態。假如我沒有強調過這些證據，那是因為我認為如果要繼續將理論往前推展的話，這些觀點是不夠的。甚至，如果只將研究範圍鎖定在這個來源的話，我會懷疑是否有可能成功建立起一個團體治療的程序（procedure）。我會選擇繼續擴大整個理論以及找尋更多研究材料；我認為團體動力的核心，應該主要是由克萊恩描述的偏執－類分裂心理位置以及憂鬱心理位置等原初機轉。換言之，我覺得，但還不能用我有限的經驗來證明，這不僅僅是佛洛伊德家庭團體作為所有團體原型的闡釋不完整的問題，而且事實上，這種不完整漏掉了團體中主要情緒驅力的來源。 188

當然，也有可能我所見到的都是假象，起因於個案無法滿足在團體中跟我獨處的慾望而產生的挫折感。我不想低估這種情況的重要性，但我認為我親眼目睹的這些現象，在治療團體中並不罕見。所有的團體都會激勵個人參與，同時也會阻撓；因為所有個人都會想盡辦法來滿足自己的需求，但也會因為團體誘發的恐懼感而裹足不前。

總結一下：任何個人為了工作而聚集，就會顯現工作團體活動，亦即，心智功能用以推展手上的任務。研究顯示，這些目標受到不明來源情緒驅力的作用，有時受到阻礙，偶爾會被推進。假設團體在情緒上表現得好像對它的目標有一定的基本假設，那麼這些異常的心智活動就會產生一定的一致性。這些基本假設，似乎可以適當地勾勒成三套整合陳述，分別是依賴、配對以及戰或逃，它們在進一步研究中顯示會彼此取代，彷彿是為了回應某些無法解釋的衝動。此外，它們似乎具有一些共同的連結，甚至可能是彼此的不同面向。進一步的研究顯示，每一個基本假設都包含一些特徵，那些特徵都緊密地對應到最原初的部分客體，與這些部分客體相關的原初關係，遲早都會釋放出屬於其中的精神病性焦慮。克萊恩已經在精神分析中展示了這些焦慮以及它們所特有的機轉，並且她的描述和團體的情緒狀態相吻合，這些情緒狀態在行為中找到了團體情緒抒發的出口，而且如果把這些情緒和行為視為基本假設的演變結果，會發現它們有很好的一致性。從複雜的工作團體活動切入，基本假設似乎是情緒驅力的來源，其目標與團體的公開任務或甚至從佛洛伊德基於家庭團體的團體觀點看似合適的任務大不相同。但是若從克萊恩和她同事所描述與原初部分客體的幻想有關的精神病性焦慮的角度切入，那麼基本假設現象似乎就多了許多針對精神病性焦慮的防衛反應性質，而且還能補充佛洛伊德的觀點，並不突兀。在我看來，有必要修通（work through）的點有兩處，一處是屬於家庭樣態的壓力，另一處，可能占更多比例，則是部分客體關係的原初焦慮。事實上，我認為後者涵蓋了所有團體行為的終極源頭。

189

　　假如有人覺得，嘗試建立起一個團體治療的程序來治療個人是值得的，那麼精神分析師會建議替它找個新名字。我根本看不出任何科學上的道理來將我做的這些嘗試一樣叫做精神分析——我在前面已經提過我的理由。（原文書 178 到 182 頁）此外，有個眾所周知的事實，痛苦的經驗早已教會我們，對無意識的阻抗可以如此微妙，以致於它可能扭曲分析結果，並且將這些發現再詮釋來支持某些個人的防衛（Jones, 1952）。因此精神分析這個詞，就我們現在能掌控的情況，應該繼續依循基礎的精神分析原則來使用。至於我嘗試描述的程序到底有什麼治療上的價值，這依然存疑。我不認為現在能夠給出一個明確的意見，但我相信受過完整訓練的精神分析師有空間繼續來研究它的價值，也許可以針對那些有精神分析經驗的個人所參與的團體來進行研究。

190

每個個人在作為團體成員的日常生活中都會目睹這些現象，每個人都能夠就他所處的位置來自行判斷我對團體動力的描述是否賦予了這些現象意義。

註釋

1. 原註：在《圖騰與禁忌》（*Totem and Taboo*, 1913）和《群體心理學與自我的分析》（*Group Psychology and the Analysis of the Ego*, 1921）可以明顯地看出。
2. 原註：亦可參考《圖騰與禁忌》中關於姓名禁忌的討論（Freud, 1913, P. 54）。
3. 譯註：就是說用「期待救世主的願望」來操弄團體時，如果救世主真的出現了，那麼為了能繼續操弄，就只好再創造出另一個需要「期待救世主的願望」，這個團體歷程應該是相當麻煩的，但為了能繼續操弄卻又是必需的。

4. 原註：不同於威爾弗雷德・特洛特（W. Trotter）（1916）的看法，但與佛洛伊德（1921, p. 3）看法一致。
5. 譯註：這就是後來比昂所稱的貝他元素 β element。
6. 譯註：原文「Non nobis, Domine」為拉丁文，出自《舊約聖經》〈詩篇〉第一百一十五章第一句「Non nobis, Domine. Non nobis sed nomini tuo da gloriam.」，意為「耶和華啊、榮耀不要歸與我們、不要歸與我們，要因你的慈愛和誠實歸在你的名下。」
7. 譯註：我們也能這樣思考，若是有個基本假設特別能緩和團體內的恐懼感，那麼應該所有基本假設都會有轉變為該基本假設的趨向，而非看到這些基本假設間大致等量齊觀地互相轉換。
8. 譯註：在此暗指基督宗教裡的摩西與耶穌。摩西出生時，為了逃避埃及人的追殺，被父母放進蒲草作成的箱子裡，並且放入尼羅河中漂走，之後被法老的女兒收養。耶穌則是於馬槽中被處女生出，基督宗教認為他的父親就是上帝。
9. 原註：在精神分析的領域中，寶拉・黑曼（Paula Heimann）已經描述過團體的內射與投射是如何發生（Heimann, 1952a）。
10. 譯註：寶拉・黑曼也佐證克萊恩曾經在個別分析過程中發現這些幻想的存在。
11. 原註：值得注意的是，克萊恩在她的著作《戀母情結的早期階段》（*Early Stages of the OEdipus Conflict*, 1928）當中描述了針對外在客體的精神病性反應，她的描述和團體的反應相當雷同。製造聖經的反應就是其中一種防衛的方式。
12. 譯註：該文獻英文譯名就叫做〈群體心理學與自我的分析〉（Group Psychology and the Analysis of the Ego）。
13. 譯註：意指區分出一個人或超過一個人的人數。
14. 譯註：個人未聚集時不代表移情關係不存在，但要展示確有其困難。
15. 原註：見原文 131 頁以及其後的討論。
16. 原註：這個錯覺的產生應該也與歷史的發展有關；除非我們能夠理解克萊恩在精神病質（psychoses）的研究，否則我們一定會認為某些團體行為的面向很陌生而且奇怪；這個觀點我之後也會提及。相關的文章可以參考她論述關於符號形成（symbol formation）以及分裂機制（schizoid echanisms）的文獻。

17. 原註：在這邊文章的後面我討論了語言發展的一個面向。
18. 譯註：西元 410 年，亞拉里克一世率歌德蠻族攻陷羅馬城，是當代第一批能攻陷羅馬的蠻族勢力。人們因此把羅馬帝國的衰敗歸咎於基督徒，因為基督教明顯背離羅馬傳統的多神宗教，進而產生攻擊基督教的輿論。聖奧古斯丁著書便是為了捍衛基督教，《上帝之城》即為此而寫。
19. 譯註：capacity 與 ability 相比，前者具有「容量」方面能力的抽象意涵，在與他人形成連結時可能會需要在心中留有空間。
20. 譯註：比昂認為佛洛伊德看待和研究團體的出發點是性，因此在比昂提出的三個基本假設中只能比較清楚地看到配對團體，因為它與性慾關聯最密切，也因此會推斷所有的連結都起因於原欲；然而比昂認為這樣的觀點過於狹隘，且使用「共價鍵」一詞更能貼切地描述他所認為的團體中個人的連結。
21. 譯註：比昂另著有 'Notes on Money and Desire' 一文，首次發表於 1967 年，刊登於 "The Psychoanalytic Forum" 第二卷第三期，第 271 到 280 頁，與此文相隔十五年，可以明白比昂對於治療師介入的力道的看法，傾向於不要將個案緊緊握在手中。
22. 譯註：而非以基本假設團體的領導者性質為主。
23. 譯註：而非基本假設團體的功能。
24. 譯註：語言對團體來說，是一種隨手就拿來使用的工具。
25. 原註：《聖經》〈創世紀〉第十一章第一到第九節。這些文字是所謂耶和華文獻（Jahvistic code；譯按：在考據聖經作者的過程中，19 世紀末起，學者間大都將底本學說作為共識，該學說主張《聖經》頭四卷書——〈創世紀〉、〈出埃及記〉、〈利未記〉和〈民數記〉——乃是藉著結合四部獨創獨立的原始資料，於西元前 450 年創作而成。該四部原始資料即是耶和華文獻、伊羅興文獻、申命記文獻以及祭司文獻。目前這樣的研究觀點大抵被視為過時了，然而對特殊的〈申命記〉及祭司的神學與詞彙的鑑定仍相當廣泛）的一部分，因此可以被視為一個範例，由依賴基本假設所掌控的團體作出紀錄，寫下當時被配對基本假設威脅的樣子。

【附錄一】

參考書目

第五章

CLAY, HENRY (1916). *Economics for the General Reader.* London: Macmillan.

A good short account of money from the standpoint of the economist.

EINZIG, PAUL (1949). *Primitive Money.* London: Eyre & Spottiswoode.

Einzig is more cautious than Hingston Quiggin, and, though he reaches substantially the same conclusion, he draws attention to the many sources on which money can depend for its value: it is a wholesome corrective to any facile generalization. I am inclined to think that the concept of the basic assumptions might throw light on a subject the complexity of which is better displayed by Einzig than by Hingston Quiggin.

GIBBON, EDWARD (1781). *The Decline and Fall of the Roman Empire.* London: Methuen, 1909 Edition. Vol. II. Page 373.

An historical study of disputes about the nature and attributes of deity would go far to clarify many of the points I would like to make about the nature of *baD*.

HALLIDAY, J.L. (1948). *Psychosocial Medicine*. New York: Norton; London: Heinemann, 1949.

HINGSTON QUIGGIN, A. (1949). *A Survey of Primitive Money*. London: Methuen.

HODGKIN, R.H. (1935). *History of Anglo-Saxons*. London: Oxford University Press. Vol. 2. Page 579.

PETIT-DUTAILLIS (1911). *Studies Supplementary to Stubbs' Constitutional History*. Manchester University Press. Pages 36–38.

Although the subject is a commonplace in most studies of constitutional history there is little material in any of it which is really helpful in providing either confirmation or refutation of any attempt to relate *Wergild* with a basic assumption.

TOYNBEE, ARNOLD (1935). *A Study of History*. Oxford, 1935 Edition. Vol. I.

Toynbee's discussion of what constitutes an intelligible field of study in history can be taken to apply equally well to the study of the psychology of the group.

WITTKOWER, ERIC (1949). A *Psychiatrist Looks at Tuberculosis*. London: The National Association for the Prevention of Tuberculosis.

This study provides plenty of material on which to form tentative judgments about the validity of my theories of the psychological affiliations of disease.

第六章

TOYNBEE, ARNOLD (1934). *A Study of History* (2nd ed. 1948). Vol. I. London: Oxford University Press.

第七章

FREUD, S. (1913). *Totem and Taboo.* Trans. by J.Strachey. London: Hogarth, 1950.

FREUD, S. (1921). *Group Psychology and the Analysis of the Ego.* London: Hogarth, 1922. *Complete Works*, Vol. 18.

第二部

FORTES MEYER (1949). 'Time and Social Structure: an Ashanti Case Study.' In *Social Structure.* Oxford: Clarendon Press.

FREUD, S. (1911). 'Formulations on the two Principles of Mental Functioning.' London: Hogarth Press. *Collected Papers,* Vol. IV; *The Complete Psychological Works of Sigmund Freud,* Vol 12.

FREUD, S. (1913). *Totem and Taboo.* London: Hogarth Press, 1950. *Complete Works*, Vol. 13.

FREUD, S. (1921). *Group Psychology and the Analysis of the Ego.* 1922. London: Hogarth Press. *Complete Works,* Vol. 18.

FREUD, S. (1930). *Civilization and its Discontents.* London and New York, 1930. *Complete Works*, Vol. 21.

HEIMANN, PAULA (1952a). 'Certain Functions of Introjection

and Projection in Early Infancy.' In Klein *et in Groups* 191 *al.* (eds.) '*Developments in Psycho-Analysis.* London: Hogarth Press, 1952.

HEIMANN, PAULA (1952b). 'A Contribution to the Reevaluation of the Oedipus Complex—the Early Stages.' *Int. J. Psycho-Anal. Vol.* 23, *Pt.* 2. *Also in Klein et al.*(eds.) *New Directions in Psycho-Analysis;* London: Tavistock Publications, 1955; New York: Basic Books.

JONES, ERNEST (1952). Preface to *Developments in PsychoAnalysis.* London: Hogarth Press.

KLEIN, MELANIE (1928). 'Early Stages of the Oedipus Complex.' In *Contributions to Psycho-Analysis,* 1921– 1945. London: Hogarth Press, 1948.

KLEIN, MELANIE (1930). 'The Importance of Symbol-Formation in the Development of the Ego.' In *Contributions to Psycho-Analysis.* London: Hogarth Press, 1948.

KLEIN, MELANIE (1935). 'A Contribution to the Psychogenesis of Manic-Depressive States.' In *Contributions to Psycho-Analysis.* London: Hogarth Press, 1948.

KLEIN MELANIE (1945). The Oedipus Complex in the Light of Early Anxieties.' In *Contributions to Psycho-Analysis.* London: Hogarth Press, 1948.

KLEIN, MELANIE (1946). 'Notes on Some Schizoid Mechanisms.' In Klein *et al.* (eds.), *Developments in Psycho-Analysis.* London: Hogarth Press, 1952.

MCDOUGALL, W. (1920). *The Group Mind.* (2nd ed.) London: Cambridge University Press, 1927.

TROTTER, W. (1916). *Instincts of the Herd in Peace and War.* London.

LE BON, G. (1896). *The Crowd: a Study of the Popular Mind* London: Benn, 1947.

【附錄二】

索引

編按：附錄所標示之數字為原文書頁碼，查閱時請對照貼近內文左右側之原文頁碼。

A

B

C

G

K

N

Q

R

T

U

PT 047

Experiences in Groups: and other papers, 1st edition
作者：比昂（Wilfred Ruprecht Bion）
譯者：王振宇、呂宗樺、陳宏茂、劉佩琪、羅育騏
審閱：鍾明勳、許明輝、張達人

出版者—心靈工坊文化事業股份有限公司
發行人—王浩威　總編輯—徐嘉俊
特約編輯—許惠貞　責任編輯—黃心宜
內頁排版—龍虎電腦排版股份有限公司
通訊地址—10684 台北市大安區信義路四段 53 巷 8 號 2 樓
郵政劃撥—19546215　戶名—心靈工坊文化事業股份有限公司
電話—02）2702-9186　傳真—02）2702-9286
Email—service@psygarden.com.tw　網址—www.psygarden.com.tw
製版・印刷—中茂製版印刷股份有限公司
總經銷—大和書報圖書股份有限公司
電話—02）8990-2588　傳真—02）2990-1658
通訊地址—248 新北市五股工業區五工五路二號
初版一刷—2019 年 4 月　初版五刷—2024 年 9 月
ISBN—978-986-357-144-5　定價—380 元

Experiences in Groups: and Other Papers, 1st edition /
by W.R. Bion / ISBN: 9780415040204

國家圖書館出版品預行編目資料

比昂論團體經驗 / 比昂 (Wilfred Ruprecht Bion) 著 ; 王振宇、呂宗樺、陳宏茂、
劉佩琪、羅育騏譯 .
-- 初版 . -- 臺北市 : 心靈工坊文化 , 2019.04
面；　公分
譯自 : Experiences in groups, and other papers
ISBN 978-986-357-144-5(平裝)

1. 心理治療法　2. 團體輔導

178.8　　108001400

心靈工坊 PsyGarden 書香家族 讀友卡

感謝您購買心靈工坊的叢書，爲了加強對您的服務，請您詳塡本卡，
直接投入郵筒（免貼郵票）或傳眞，我們會珍視您的意見，
並提供您最新的活動訊息，共同以書會友，追求身心靈的創意與成長。

書系編號—PA 047　　書名—比昂論團體經驗

姓名　　是否已加入書香家族？□是 □現在加入

電話 (O)　　(H)　　手機

E-mail　　生日　　年　　月　　日

地址 □□□

服務機構　　職稱

您的性別—□1.女 □2.男 □3.其他

婚姻狀況—□1.未婚 □2.已婚 □3.離婚 □4.不婚 □5.同志 □6.喪偶 □7.分居

請問您如何得知這本書？

□1.書店 □2.報章雜誌 □3.廣播電視 □4.親友推介 □5.心靈工坊書訊
□6.廣告DM □7.心靈工坊網站 □8.其他網路媒體 □9.其他

您購買本書的方式？

□1.書店 □2.劃撥郵購 □3.團體訂購 □4.網路訂購 □5.其他

您對本書的意見？

□ 封面設計　1.須再改進 2.尚可 3.滿意 4.非常滿意
□ 版面編排　1.須再改進 2.尚可 3.滿意 4.非常滿意
□ 內容　1.須再改進 2.尚可 3.滿意 4.非常滿意
□ 文筆／翻譯　1.須再改進 2.尚可 3.滿意 4.非常滿意
□ 價格　1.須再改進 2.尚可 3.滿意 4.非常滿意

您對我們有何建議？

□本人同意＿＿＿＿＿＿＿＿（請簽名）提供（真實姓名/E-mail/地址/電話/年齡/等資料），以作為心靈工坊（聯絡/寄貨/加入會員/行銷/會員折扣/等之用，詳細內容請參閱http://shop.psygarden.com.tw/member_register.asp。

廣告回信
台北郵政登記證
台北廣字第1143號
免貼郵票

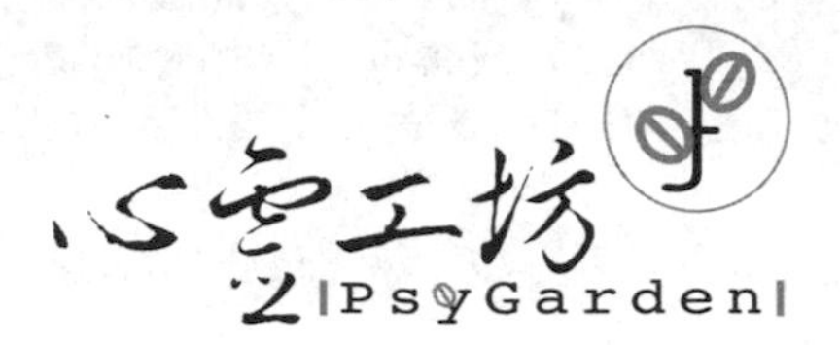

10684台北市信義路四段53巷8號2樓

讀者服務組　收

免　貼　郵　票

（對折線）

加入心靈工坊書香家族會員
共享知識的盛宴，成長的喜悅

請寄回這張回函卡（免貼郵票），
您就成為心靈工坊的書香家族會員，您將可以——

⊙隨時收到新書出版和活動訊息

⊙獲得各項回饋和優惠方案